Seleções
da Biblioteca de
SPURGEON

Oração

...

*Seleções
da Biblioteca de*
SPURGEON

Oração

Originally published in English under the title
Selection from Spurgeon's Library on Prayer
Copyright ©2018 by B&H Academic
One LifeWay Plaza, Nashville, TN 37234, Nashville, TN 37234-0188 USA
All rights reserved.

Coordenação editorial: Dayse Fontoura
Tradução: João Ricardo Morais
Revisão: Dalila de Assis, Lozane Winter, Rita Rosário, Thaís Soler
Projeto gráfico e capa: Audrey Novac Ribeiro
Diagramação: Denise Duck Makhoul

Dados Internacionais de Catalogação na Publicação (CIP)

Hamilton, James et all
Seleções da Biblioteca de Spurgeon — Oração
Tradução: João Ricardo Morais — Curitiba/PR, Publicações Pão Diário
Título Original: Selection from Spurgeon's Library on Prayer
1. Oração   2. Bíblia   3. Sermões   4. História da Igreja

Proibida a reprodução total ou parcial sem prévia autorização, por escrito, da editora.
Todos os direitos reservados e protegidos pela Lei 9.610, de 19/02/1998.
Permissão para reprodução: permissao@paodiario.org

Exceto quando indicado o contrário, os trechos bíblicos mencionados são da edição
Revista e Atualizada de João F. de Almeida © 2009 Sociedade Bíblica do Brasil.

Publicações Pão Diário
Caixa Postal 4190,
82501-970 Curitiba/PR, Brasil
publicacoes@paodiario.org
www.publicacoespaodiario.com.br
Telefone: (41) 3257-4028

Código: PR207
ISBN: 978-65-86078-76-3

1.ª edição: 2021

Impresso no Brasil

SUMÁRIO

Introdução à Série por *B&H Academic*...............7
Introdução por Jason Allen...............9

1. Seleção de James Hamilton...............19
   O privilégio da oração...............21
   O intercessor lá de cima: Aquele em nós que nos instiga...............41

2. Seleção de William Paley...............51
   Oração imitando Cristo...............53

3. Seleção de Thomas Boston...............61
   Reconhecimento do caso dos requerentes no tribunal celestial; ou a necessidade de orar sempre e não esmorecer...............63
   Requerentes encorajados no tribunal celestial; ou o feliz tema de orar sempre e não esmorecer...............85

4. Seleção de William Jay...............105
   30 de maio – Manhã...............107
   30 de maio – Noite...............113
   7 de junho – Manhã...............117

5. Seleção de Isaac Barrow...............121
   Do dever da oração (Sermão 8)...............123
   Do dever da oração (Sermão 9)...............145

6. Seleção de Robert Hawker 171
    Conselho de cinco minutos para pessoas
    e famílias que não oram 173
    Oração matutina para família 181
    Oração vespertina 187
    Fragmento 193

Índice das Escrituras 199
Índice de nomes e assuntos 207

INTRODUÇÃO À SÉRIE

B&H Academic

De acordo com algumas pesquisas, a maioria dos CEO's lê 52 livros por ano. Esse é um número impressionante, mas não chega nem perto do número de livros que C. H. Spurgeon lia. De acordo com W. Y. Fullerton, em seu livro *C. H. Spurgeon: A Biography*, Spurgeon lia seis livros por semana. Isso equivale a 312 livros por ano! No final de sua vida, Spurgeon tinha acrescentado mais de 12.000 volumes à sua biblioteca, e ele leu cada um deles.

O que é ainda mais impressionante é que Spurgeon lia profundamente. O termo "leitura profunda" parece ter sido cunhado por Sven Birkerts em *The Gutenberg Elegies* (1994). Leitura profunda refere-se a processos contemplativos e deliberados que filtram distrações e incluem raciocínio dedutivo, reflexão e análise crítica. A maior parte da biblioteca de Spurgeon era composta de obras puritanas de peso. Evidentemente, esse tipo de leitura foi fundamental no desenvolvimento de suas excelentes habilidades de escrita e influenciou muito sua pregação. Talvez o "segredo" para a influência e popularidade de Spurgeon esteja diretamente relacionado com a quantidade e qualidade dos livros que ele leu.

E que tal se pudéssemos acrescentar seleções da biblioteca pessoal de Spurgeon à nossa? Por meio de uma parceria com o *Midwestern Baptist Theological Seminary* e o *Spurgeon Center*, a *B&H Academic* está tornando isso realidade. Com tecnologia moderna e uma equipe de editores, estamos utilizando seleções de sua biblioteca particular para criar volumes individuais que se concentrem em um tópico ou tema específico. Há aproximadamente 6.000 volumes no *Spurgeon Center*. As seleções desses livros o apresentarão a novos autores, bem como a nomes mais conhecidos como John Owen, John Newton, entre outros. Isso não é literatura leve. É um conteúdo rico que você desejará ler de forma lenta e reflexiva. Lembre-se, essa é a leitura profunda de Spurgeon.

B&H Academic agradece ao Dr. Jason Allen, presidente do *Midwestern Baptist Theological Seminary*, e à talentosa equipe da Biblioteca Spurgeon por nos conceder acesso a esses livros. Todos os esforços foram envidados para se permanecer fiel ao texto original, inclusive a manutenção das notas de rodapé originais. Os editores acrescentaram uma pequena quantidade de notas de rodapé para leitura adicional.

Dedicamos este projeto ao nosso Senhor por amor à Sua Igreja.

INTRODUÇÃO

Jason Allen

É uma alegria poder escrever a introdução e a recomendação do livro que agora está em suas mãos. A ideia por trás deste livro, como imaginado por Jim Baird e a equipe *B&H Academic*, é simplesmente genial. Este livro o apresenta aos autores que moldaram a vida e o ministério de Charles Spurgeon e a este tema sempre presente na vida cristã: o sofrimento.

Para que você tire o máximo proveito deste livro, quero apresentá-lo aos amplos formatos da vida e do ministério de Spurgeon, direcioná-lo aos colaboradores deste livro e informá-lo, de forma breve, sobre o tema que ele aborda.

Como foi dito, pode-se dizer muito sobre uma pessoa pelos livros que ela lê e os amigos que mantém. Para Spurgeon, os livros que ele leu escritos por grandes cristãos — começando quando ainda era um menino no escritório de seu avô — formaram-no teologicamente e o moldaram espiritualmente. Em particular, as palavras coletadas neste livro tornaram-se poderosos afluentes que correram para a vida e mente de Charles Spurgeon.

Por que Charles Spurgeon?

Charles Spurgeon é amplamente reconhecido como um dos cristãos mais influentes que já viveu. Providencialmente levantado por Deus, Spurgeon pastoreou o *Metropolitan Tabernacle* em Londres, Inglaterra, durante a Era Vitoriana. Durante esse tempo, a Grã-Bretanha estendeu-se sobre o mundo como o principal império mundial, aumentando assim a fama e influência global de Spurgeon. É por isso que Carl F. H. Henry observou que C. H. Spurgeon é "um dos imortais do cristianismo evangélico".

Pregador

Como pregador, Spurgeon pastoreou a maior igreja protestante do mundo[1] — o *Metropolitan Tabernacle* em Londres — onde pregou por quase 40 anos para uma congregação de cerca de 6.000 membros. Spurgeon é comumente classificado, juntamente com George Whitefield, como um dos dois maiores pregadores da língua inglesa. Em 1857, ele pregou para uma multidão de 23.654 pessoas no Crystal Palace de Londres e, no final de seu ministério, havia pregado a mais de 10 milhões de pessoas sem a ajuda das tecnologias modernas.

---

[1] N.E.: De seu tempo.

Spurgeon foi talentoso como pastor, escritor, apologeta, líder, visionário e administrador educacional e eclesiástico. No entanto, ele era, antes de tudo, um pregador. Todos os ministérios auxiliares de Spurgeon fluíram de seu púlpito, e seus sermões semanais foram transcritos e distribuídos ao redor do mundo. Possivelmente, na história da igreja, não há nome mais corretamente associado à pregação na língua inglesa do que Charles Spurgeon.

Escritor

Como escritor, Spurgeon possuía uma caneta incansável. Ele escreveu um grande número de cartas e, até a sua morte, ele havia escrito aproximadamente 150 livros. Seus sermões, que ele editava semanalmente e eram enviados ao mundo todo, venderam mais de 56 milhões de cópias durante sua vida. Na época de Spurgeon, eles foram traduzidos para mais de 40 idiomas e agora totalizam 63 densos volumes. Além disso, Spurgeon escreveu para várias revistas e periódicos, incluindo a sua *Sword and Trowel*.[2]

Humanitário

Como humanitário, Spurgeon envolveu-se no combate contra os grandes males sociais de sua época. Ele fundou dois orfanatos, um ministério para mulheres que viviam em

---

[2] A espada e a colher de pedreiro, numa tradução livre. Periódico mensal do *Metropolitan Tabernacle*, ainda publicado até os dias atuais.

promiscuidade, foi um fervoroso abolicionista, fundou uma escola para pastores e um ministério de distribuição de livros para pastores sem condições financeiras. Lançou ministérios de doação de roupas e sopa comunitária, tanto para membros como para não membros do *Metropolitan Tabernacle*. Aos 50 anos, ele havia iniciado nada menos que 66 ministérios sociais, todos para atender às necessidades físicas e espirituais das pessoas.

Apologeta

Como apologeta, Spurgeon defendia ardentemente suas convicções batistas, evangélicas e reformadas. Ele atacou o hipercalvinismo e o arminianismo; campbelismo[3] e darwinismo. Spurgeon defendia especialmente a pessoa e a obra de Cristo e a inspiração abrangente e infalibilidade das Escrituras. Os esforços apologéticos de Spurgeon foram mais claramente testemunhados através do prisma da *Downgrade Controversy* (Controvérsia do Declínio),[4] quando ele desafiou e finalmente retirou-se de sua própria União Batista por causa do equívoco a respeito dessas questões.

---

[3] Movimento religioso iniciado no século 19 nos Estados Unidos por Thomas e Alexander Campbell. Entre suas crenças estão: o homem é inerentemente bom e capacitado a obedecer a Deus, negam a personalidade do Espírito Santo, a regeneração é apenas uma reforma da vida exterior, não creem na "experiência da graça", entre outras.

[4] Uma controvérsia iniciada após a publicação de uma série de artigos que criticavam *o afastamento da igreja das sólidas doutrinas cristãs*, por Robert Shindler, no periódico *Sword na Trowel*. Spurgeon apoiou seu amigo escrevendo outros artigos e usando seu púlpito para denunciar erros como o arminianismo, que deslizava para o universalismo e a crença de que a Bíblia não é infalível.

Evangelista

Como evangelista, Spurgeon pregou incansavelmente o evangelho e constantemente conquistou pecadores para Cristo. Ele continua sendo um modelo insuperável para equilibrar a soberania de Deus e a responsabilidade do homem na evangelização. Na verdade, é difícil encontrar qualquer sermão que Spurgeon tenha pregado que não conclua com uma apresentação da cruz. Ao final de seu ministério, Spurgeon havia batizado 14.692 cristãos.

A mística de Spurgeon

O ministério de Spurgeon ainda possui uma certa mística. Isso é em parte devido ao fato de que ele era um gênio. Ele devorava livros, possuía memória fotográfica e certa vez testemunhou ter simultaneamente oito pensamentos em sua mente. Sua enorme influência, vida e época intrigantes e muitos problemas físicos e emocionais também contribuem para isso.

A mística de Spurgeon também se deve à sua incansável ética de trabalho ministerial, que levou David Livingston a perguntar a Spurgeon: "Como você consegue fazer o trabalho de dois homens em um único dia?", ao que Spurgeon, em referência ao Espírito Santo, respondeu: "Você esqueceu que somos em dois".

A relevância duradoura de Spurgeon

Spurgeon foi um fenômeno que pregou na maior igreja protestante do mundo [em sua época] no contexto da cidade mais poderosa do planeta [até então]: Londres. No entanto, seu ministério percorreu todo o Império Britânico e foi além dos seus extensos tentáculos. Ele encarnou tudo o que é certo sobre o cristianismo bíblico e tudo o que os cristãos do século 21 devem imitar: fidelidade bíblica, fervor evangelístico, ministério autossacrificial, autoridade no púlpito, consciência social e defesa da fé.

Por que orar?

É impossível experenciar a vida cristã saudável sem desenvolver uma vibrante vida de oração. A oração é o oxigênio para a alma, o meio pelo qual nos comunicamos com Deus e, por meio da Sua Palavra, Deus se comunica conosco.

Todo cristão deve refletir o sentimento dos discípulos, que pediram a Jesus: "Senhor, ensina-nos a orar" (Lc 11:1). A oração realmente é um mistério. Ainda não está claro como as nossas orações se cruzam com a vontade divina e a prerrogativa soberana de Deus deste lado da eternidade.

Porém, o que é inconfundível é que Deus usa as orações de Seu povo de acordo com Sua própria vontade divina, de maneira que causa muito bem para Seus filhos e muita glória para Seu próprio nome.

É por isso que nas Escrituras tanta atenção é dada à oração. Nosso Senhor nos deu exemplo de como orar. Temos esse exemplo em Mateus 6, e talvez na maior oração já feita em João 17. Aprendemos também com os ensinos do apóstolo Paulo em Colossenses 1:9-14, Filipenses 1:9-11 e Efésios 3:14-21 sobre como devemos orar.

Portanto, o conteúdo deste livro é absolutamente essencial para o seu crescimento na fé e para o fortalecimento de suas orações. Leia a sua Bíblia e este livro cuidadosamente e aplique o que aprendeu à sua vida de oração.

Os colaboradores

Para que você tire o máximo proveito deste projeto, permita-me familiarizá-lo brevemente com seus colaboradores.

Conforme mencionado, os colaboradores deste volume moldaram poderosamente a vida e o ministério de Charles Spurgeon. Na verdade, o *Midwestern Seminary* tem o prazer de fazer parceria com a equipe da *B&H Academic* para vasculhar a Biblioteca Spurgeon e extrair esses recursos de sua coleção pessoal. Muitas dessas obras foram extensivamente comentadas pelo próprio Spurgeon e apresentadas diretamente da biblioteca dele para a sua. Assim, deixe-me apresentá-los a esses cristãos imortais e sua obra atemporal.

Isaac Barrow (1630–77) é comumente reconhecido por seu trabalho em matemática, particularmente por seu papel no desenvolvimento do cálculo infinitesimal. Enquanto ocupava a cátedra lucasiana em Cambridge, publicou dois trabalhos matemáticos proeminentes, o primeiro sobre geometria e o segundo sobre ótica. Em 1669, renunciou à cátedra em favor de um de seus alunos, Isaac Newton. Pelo restante de sua vida, Barrow se dedicou ao estudo da teologia. Alguns de seus notáveis livros incluem *Expositions of the Creed, Decalogue, Sacraments*, e *The Lord's Prayer*.

Thomas Boston (1676–1732) foi um clérigo escocês educado em Edimburgo e licenciado pelo presbitério de Chirnside em 1697. Enquanto pastoreava na pequena paróquia de Simprin, deparou-se com um livro de Edward Fisher chamado *The Marrow of Modern Divinity*. O livro tratava principalmente da oferta gratuita do evangelho e contrariava a teologia de muitos dos grandes calvinistas na época de Boston. O que se desenvolveu é conhecido como a *Marrow Controversy* (Controvérsia do cerne). Boston e os outros homens dessa Controvérsia defenderam a oferta gratuita do evangelho, embora mantivessem a crença em uma redenção particular. Boston escreveu muitos livros, incluindo *Body of Divinity, Human Nature in Its Fourfold State, Miscellanies, The Crook in the Lot* e *The Art of Man-Fishing*.

James Hamilton (1814–67) era um ministro e escritor escocês que estudou nas universidades de Glasgow e Edimburgo. Tornou-se pastor da *National Scotch Church* (Igreja Nacional Escocesa), Regent Square, Londres, em 1841, e a pastoreou até sua morte em 1867. Foi escritor prolífico e escreveu numerosos tratados religiosos durante o seu ministério. Suas obras mais conhecidas incluem *Life in Earnest, Our Christian Classics, The Royal Preacher* e *The Mount of Olives*.

Robert Hawker (1753-1827) foi um pastor anglicano que passou a maior parte de sua vida como curador da *Charles Church* em Plymouth, Inglaterra. Apelidaram-no de "Estrela do Ocidente" por causa de sua apreciada pregação bíblica. Elaborou um modelo de pregação extemporâneo e dizia-se que ele mantinha a atenção das pessoas por 70 a 80 minutos. Ele não era conhecido apenas como bom pregador, mas também por seu cuidado com sua congregação e os pobres. Ele também era um defensor do início de uma Escola Dominical. Escreveu muito, mas ele é mais lembrado por algumas de suas obras, especificamente um livro sobre a divindade de Cristo e *Poor Man's Morning and Evening Portions*, que são usadas até hoje.

William Jay (1769-1853) foi um inglês não conformista que passou a maior parte de seu ministério na Capela Argyle em Bath, onde pregou por 60 anos. Enquanto estava em Bath, era conhecido por sua pregação avivalista, tanto que não fazia distinção quando se tratava da denominação ou status social das pessoas. Ele era frequentemente elogiado por sua habilidade oratória.

William Paley (1743-1805) foi um apologeta, clérigo e filósofo inglês. Ele é, talvez, em um nível popular, mais conhecido por sua obra sobre o argumento teológico[5] no qual ele cunhou a "analogia do relojoeiro". Paley era um firme defensor da abolição do comércio de escravos. Ele atacou

---

[5] N.E.: Qualquer doutrina que identifica a presença de metas, fins ou objetivos últimos guiando a natureza e a humanidade, considerando a finalidade como o princípio explicativo fundamental na organização e nas transformações de todos os seres da realidade; teleologismo, finalismo (Houaiss, 2009).

essa questão em seu conhecido livro *The Principles of Moral and Political Philosophy*. Seu livro mais famoso foi *Natural Theology* ou *Evidences of the Existence and Attributes of the Deity*. Nessa obra, ele argumentou que o projeto de Deus na criação poderia ser notado no bem-estar e na ordem do mundo físico e social.

Minha oração é que esses homens, embora mortos, ainda falem à sua vida cristã. E, à medida que falarem, que você possa ter sua vida de oração fortalecida e sua vida cristã e testemunho encorajados. Aprecie!

1
Seleção
de
JAMES HAMILTON

...

O PRIVILÉGIO
DA ORAÇÃO

Regozijai-vos sempre. Orai sem cessar.
—1 Tessalonicenses 5:16,17

Os atenienses passavam o tempo fazendo nada mais do que falando ou ouvindo alguma novidade, e o que quer que pudesse ter acontecido com a elegância e a genialidade de Ática, não falta à sociedade moderna a curiosidade ateniense. Não a culpamos por isso. O desejo pela novidade não é, por si só, digno de culpa. Mas há uma forma dela que gostaríamos de ver mais frequentemente. *Reavivar* antigas verdades é quase tão importante quanto descobrir novas, e, em vez de contar ou ouvir alguma coisa nova, nosso tempo seria ocupado tão proveitosamente ao pensar e iluminar o significado de alguma coisa *antiga*.

Poucas expressões na teologia são mais antigas do que aquela que fala do "privilégio da oração", mas nada poderia ser uma novidade maior na história de alguns que agora me ouvem do que considerar a oração um privilégio real. Estou errado? "O privilégio da oração!" Alguns não acham que o *fardo* da oração — a *obrigação*, o *dever* — seria um nome mais apropriado para ele? Alguns de vocês não acham que chamá-lo de *privilégio* seja apenas dar um nome agradável a uma coisa enfadonha? Se assim for, em vez de familiarizá-lo com um fato novo, esse indivíduo lhe faria um melhor serviço dando-lhe uma nova luz sobre essa antiga verdade e o faria sentir que não apenas tem poder de oração em relação a Deus, mas é quase o maior privilégio do ser humano.

Vamos fazer uma suposição.[6] Suponha que o indivíduo neste reino que combina em si mesmo a maior sabedoria e bondade fosse acessível a você. Suponha que, quando algo o sobrecarregasse — uma dificuldade da qual sua própria sagacidade não pudesse libertá-lo, ou uma realização que seus próprios recursos não pudessem apreender —, você tivesse apenas que lhe enviar uma declaração da situação, e tivesse a certeza, em tempo propício, de obter o Seu melhor e mais gentil conselho. Você não consideraria isso um grande *privilégio*? Não seria algo desse tipo o caso de muitos aqui? Alguém está iniciando uma nova ocupação e, em seu início, encontra problemas que o frustram muito, mas que um amigo com um pouco mais de experiência ou perspicácia poderia resolver instantaneamente. Outro é consumido por um mar de problemas, uma multidão de provações que o sobrecarregam bastante, mas através das quais ele crê perfeitamente que um braço mais forte ou um espírito mais animado poderia carregá-lo. Contudo onde ele procurará por esse amigo mais sábio, esse braço mais forte? Suponha novamente que, quando em perigo repentino ou em profunda

---

[6] Isso foi sugerido por uma ideia semelhante em uma palestra de John Foster, como preservada nas notas manuscritas de um ouvinte inteligente. [Acreditamos que esta palestra é o tratado sobre **Access to God** (Acesso a Deus), publicado pela **Tract Society**.]

angústia, houvesse alguma maneira pela qual você pudesse tornar conhecida a sua situação a um espírito que havia partido, e que esse espírito é agora muito mais sábio do que era quando estava na Terra e tem fontes de conhecimento que não estão disponíveis a você e poderes que você ainda não possui. Suponha que, em luto ou dificuldade, você pudesse invocá-lo. Suponha que houvesse algum processo pelo qual você pudesse capturar seu ouvido entre os glorificados e, em um momento, trazê-lo, embora invisível, para o seu lado. E suponha que, para esse espírito aperfeiçoado, o espírito de seu progenitor falecido, ou de alguém notável por sua sabedoria e santidade — você pudesse detalhar a ele todo o assunto que o entristece e o deixa perplexo. E embora não devesse haver resposta da sombra invisível, você soubesse que Ele o tinha ouvido e se afastado para intervir efetivamente por você. Você não se sentiria muito confortado e aliviado? Você não voltaria a se emprenhar com muito mais esperança, seguro de que agora tomaria conta deles um poder além do que lhes era próprio, ou inerente em você mesmo? Mas, além disso, suponha que, em vez de qualquer personagem sábio ou influente na Terra, ou qualquer espírito glorificado no Paraíso, fosse possível para você capturar a atenção e envolver a ajuda de um dos principados e potestades celestiais, alguém de inteligência tão brilhante, que pudesse sorrir para toda a nossa sabedoria e tal poder dominante, que pudesse fazer em um momento o que ocuparia nossa vida toda durante um milênio. Se você pudesse, por um instante, requerer sua atenção e obter garantia de sua vontade em auxiliar, não sentiria que seu objetivo foi indescritivelmente encorajado, ou seu fardo incrivelmente aliviado? O fato de ter obtido tal habilidade e capacidade — os poucos minutos gastos para garantir tal ajuda sobre-humana — não faria você sentir como se fosse uma maior contribuição para um eventual sucesso do que uma vida inteira de seus esforços pessoais? Mas dê um passo maior — um passo infinito! — e suponha que fosse possível capturar o ouvido e garantir a ajuda do Altíssimo. Suponha que você pudesse, por qualquer possibilidade, ganhar a atenção do Deus vivo — que você pudesse garantir, não o olhar frio e distante, mas a consideração interessada e a intervenção onipotente do próprio Jeová. Não seria um privilégio? A oração é exatamente isso. Alguns não têm amigos de sagacidade ou poderes extraordinários a quem recorrer. Os espíritos dos falecidos não podem vir até nós, e não se justifica orarmos nem a eles nem aos anjos. E mesmo que pudéssemos evocar um Samuel do sepulcro, ou trazer Gabriel até nós, as bênçãos que nos são mais necessárias nem Samuel nem Gabriel podem conceder; bênçãos cujo tesouro está dentro da luz inacessível e das quais apenas a Onipotência tem a chave. A oração faz mover essa mão onipotente. A oração faz virar essa chave incomunicável. A oração abre esse tesouro inacessível. Salomão em toda a sua glória, Abraão no seio de seu Deus e os serafins que fazem sombra ao trono não têm essas bênçãos para transmitir; obtê-las é o privilégio da oração .

Mas coloque-a sob outra luz. Imagine que houvesse certas limitações na oração. Imagine que houvesse apenas um local na Terra a partir do qual a oração pudesse subir com aceitação. Imagine — de modo algum inconcebível, pois antes havia algo muito parecido. Imagine que o Senhor tivesse escolhido algum pequeno local da Terra — um monte Sião, ou uma Terra Santa — e dito que ali, e apenas ali, era o lugar de adoração. Imagine que somente a partir desse lugar sagrado existisse um portal para as orações da Terra alcançarem o Céu, e que todas as súplicas, por mais sinceras que fossem proferidas no solo profano do globo, tivessem sido à toa. Que afluência veríamos a esse único lugar de prevalência! Quando ocorresse alguma conjuntura decisiva de bem-estar ou aflição para um indivíduo ou uma família, ou quando um homem ficasse tão ansioso em relação à salvação de sua alma que nada poderia satisfazê-lo, exceto a luz do alto, deveríamos ter visto o comerciante ocupado cuidando de sua ausência prolongada, e o lavrador cauteloso e provinciano se preparando para a perigosa peregrinação, e multidões, em seu próprio favor ou em favor de outros, recorrendo ao lugar onde a oração é ouvida e respondida. E imaginem, ainda, que houvesse apenas um dia no ano em que a oração fosse permitida. Que aqueles que chegassem ao local determinado tarde demais encontrassem o portão de acesso fechado pelos próximos 12 meses, e por mais imediata que fosse a emergência, e por mais extrema que fosse sua exigência, seria impossível fazer qualquer coisa por ela até que o ano acabasse e trouxesse de volta o único dia propício. Mesmo assim restrita, a oração não teria sido vista como um privilégio que valesse uma peregrinação e valesse um longo tempo de espera? Imagine que, na revolução anual da nossa Terra em torno do Sol, fosse revelada uma fenda no céu, que em uma noite do ano e em um cume de montanha houvesse uma vista aberta através da abóbada redonda e uma visão de glórias deslumbrantes reveladas a todos que olhassem do cume preferido. Imagine que, através da brilhante lacuna, houvesse uma chuva de ouro e joias e que isso se repetisse regularmente na mesma noite todos os anos. Que grande multidão vocês, com certeza, encontrariam nesse Pisga![7] Quantos olhos ávidos se esforçariam de antemão durante a hora ofegante até que o primeiro raio de esplendor indicasse a glória efusiva! Quantas mãos adversárias se apressariam juntas para pegar os rubis flamejantes e a chuva de diamantes!

E apenas imagine — a única outra suposição que faremos — de que certos prelúdios dispendiosos ou árduos fossem essenciais para uma oração bem-sucedida. Suponha que a abstinência estrita de um dia ou alguma autopunição dolorosa fosse exigida, ou que cada adorador fosse obrigado a trazer em suas mãos alguma oferta cara; o melhor de seu rebanho, ou uma grande porcentagem de sua renda. E quem diria que isso era descabido? Um favor tão inefável não teria acesso à própria presença de Deus, não seria sabiamente comprado a qualquer preço, e não poderiam "pó e cinzas" pecaminosos se maravilharem que, depois de qualquer provação ou processo purificador, ele fosse admitido perto de tal Majestade?

Mas como fica o assunto? A oração não é uma consulta com a mais alta sabedoria que este mundo pode fornecer. Não é comunicação com um anjo ou um espírito aperfeiçoado, mas é achegar-se ao Deus vivo. É o acesso ao Altíssimo e Santíssimo que habita a eternidade. É um detalhamento de cada aflição nos ouvidos da compaixão divina. Em cada dificuldade é um aconselhamento com a sabedoria

---

[7] Monte Pisga, conforme Nm 23:14 e Dt 3:27.

divina. É um pedido dos recursos divinos para a provisão de cada necessidade. E isso não uma vez na vida, ou por alguns momentos em um dia determinado de cada ano, mas a qualquer momento, em todos os momentos de necessidade. Seja qual for o dia de sua aflição, a oração é permitida. Seja qual for a hora de sua calamidade, é um momento em que a oração está disponível. Não importa quão cedo pela manhã você procure o portão de acesso, já o encontra aberto. E por mais escuro que seja o momento da meia-noite quando você se encontrar nos braços repentinos da morte, a oração alada pode trazer instantaneamente o Salvador para perto. E isso onde quer que você estiver. Não é necessário que você suba em algum monte especial como o Pisga ou o Moriá. Não é necessário que você entre em algum santuário espantoso, ou retire seus sapatos por estar em solo sagrado. Se uma lembrança pudesse ser criada em todos os lugares dos quais uma oração aceitável subisse, e no qual uma resposta rápida descesse, encontraríamos *Jeová-shammah* — "o SENHOR Está Ali" (Ez 48:35) — inscrito em muitos casebres com lareiras e muitos pisos de masmorra. Não o encontraríamos apenas no altivo Templo de Jerusalém e nas galerias de cedro de Davi, mas no casebre do pescador à beira do Genesaré, e no cenáculo onde começou o Pentecostes. E seja no campo onde Jacó foi para meditar, ou no monte rochoso onde Jacó se deitou para dormir, ou no ribeiro onde Israel lutou, ou na cova onde Daniel enfrentou os leões famintos e os leões o enfrentaram, ou nas encostas onde o Homem de dores orou a noite toda, ainda deveríamos discernir as marcas dos pés da escada que vieram do Céu — o local onde as misericórdias repousaram, por ser o ponto de partida das orações.

E tudo isso onde quer que você estiver. Não é necessário nenhum santo, nenhum proficiente em piedade, nenhum adepto de linguagem eloquente, nem dignitário de posição terrena. É necessário apenas uma simples Ana ou um balbuciante Samuel. É necessário apenas um mendigo cego, ou um leproso repugnante. É necessário apenas um publicano penitente, ou um ladrão moribundo. Não é necessária a provação contundente, nenhum salvo-conduto caro, ou expiação dolorosa, para levá-lo ao propiciatório, ou melhor, devo dizer, é necessário o mais caro de todos, ou seja, o sangue da expiação, o mérito do Salvador, o nome de Jesus — inestimáveis como são, não custou nada ao pecador. Eles são livremente colocados à sua disposição, e instantânea e constantemente se pode usá-los. Esse acesso a Deus em todos os lugares, a todos os momentos, sem qualquer preço ou qualquer mérito pessoal, não é um privilégio incrível?

E ainda em relação a essa antiga verdade, eu anelo, antes de nos separarmos, que você encontre um novo significado, e, portanto, para torná-lo um pouco mais específico, permita-me aplicá-lo a alguns casos, provavelmente todos representados aqui.

1. "Está entre vós alguém sofrendo? Faça oração" (Tg 5:13). "Em agonia, a natureza não é ateia. A mente que não sabe para onde voar voa para Deus".[8] Não chorar mais é como saltar para os braços da Onipotência, encontrar refúgio no seio da Misericórdia. O homem afogado cuja última sensação foi o turbilhão de água salgada sentiu a inundação

---

[8] *Hannah More em Oração*, p. 153.

furiosa passar por cima dele, e, à medida que ele se acomodava entre as ervas daninhas, a lembrança de casa disparou como um tiro mortal em seu coração e pôs um fim à outra angústia. Quando aquele homem resgatado abre os seus olhos debaixo de algum teto amigável, e, em vez da mortalha molhada e de monstros rastejantes, se encontra em um sofá aconchegante, seu quarto brilhando com o feixe de gravetos alegres, um rosto amigável pronto para saudar seu primeiro despertar e vê através da janela o navio que o está esperando para levá-lo de volta para sua ilha natal — pode até ser verdade que ele tivesse tesouros no navio afundado, e que algumas coisas incomuns ou preciosas que ele estava carregando para casa podem nunca ser resgatadas das profundezas devoradoras. Mas quão diferente é a sua sorte do do pobre náufrago, a quem as ondas pousaram em uma rocha desolada e que, rastejando em seus trapos gotejantes, não consegue encontrar comida senão as lapas, nenhum combustível além dos destroços crepitantes, nenhum casebre para abrigá-lo e nenhuma vela para levá-lo embora! Ambos naufragaram e ambos perderam tudo que tinham. Mas, na alegria de seu resgate, ele esquece sua pobreza, e, em seu miserável abrigo das ondas, o outro reconhece nada além de uma prisão e uma tumba. Precisamente, semelhante é o caso do homem aflito que ora, e daquele que, quando aflito, não consegue orar — o homem a quem as ondas pousam na rocha desolada do mundanismo ou do ateísmo, e o homem que, do abraço das águas que afogam, acorda no pavilhão da própria tenda da presença de Deus. Ambos podem ter sofrido perdas iguais. Ambos podem ter deixado um tesouro nas profundezas. Ambos podem ter sido levados de mãos vazias à costa. No entanto o homem da oração é como o homem que vai a Ele no abrigo do lar amigável. A felicidade da agradável comunhão com Deus diminui ou elimina a dor da perda recente. Na margem protegida do vento, que quebrou sua frágil casca, ele está maravilhado ao levantar os olhos e se ver acolhido por um querido amigo em uma habitação conhecida. Ele sabe que finalmente aportará seguro e, até mesmo nesse momento, está feliz. "Está entre vós alguém sofrendo? Faça oração."

2. Está entre vós alguém perplexo? "Se, porém, algum de vós necessita de sabedoria, peça-a a Deus, que a todos dá liberalmente e nada lhes impropera; e ser-lhe-á concedida" (Tg 1:5).

Há uma história grega instrutiva que conta sobre um jovem nobre que tinha um guia sobre-humano. O príncipe era franco, viril e dócil, mas, por causa de sua inexperiência, encontrou-se em dificuldades muitas vezes, e nelas sua própria sagacidade não poderia guiá-lo. Em tais ocasiões, quando em perigo de cair em mãos astutas, ou entregando-se a conselhos desastrosos, ou quando realmente envolvido em angústias das quais ele não poderia se livrar, esse amigo fiel certamente se apressaria para resgatá-lo. Fosse qual fosse a cena da ansiedade e do medo, ele só tinha que refletir sobre seu conselheiro gentil e sagaz, e naquele momento o mentor estaria ao seu lado. O que Homero sonhou o evangelho prova. Ele diz que há um Amigo sempre presente, encoberto de nossa vista apenas pela cortina dessa substância, porém mais perto de nós do que aquela carne e sangue que nos esconde de nós mesmos, que só precisa ser lembrado para provar uma ajuda presente. Ele nos diz que, em meio a todos os nossos constrangimentos e tristezas, a dor nunca está tão perto quanto o livramento. E nos diz que a confusão e o erro, as barganhas tolas e os processos entusiasmados que muitas vezes nos deixam tão afrontados ou indignados conosco mesmos poderiam ter sido todos evitados se tivéssemos oportunamente recorrido àquele Maravilhoso Conselheiro que abarca todos os nossos caminhos. Em outras palavras, a Bíblia nos assegura de que, por mais que possamos sofrer com a deficiência de nossos talentos e a obscuridade de nossos entendimentos, sofremos ainda mais por não aproveitarmos essa sabedoria do alto que pode iluminar nossa escuridão e elevar todas as nossas forças. Nenhum homem, por meio do pensamento, pode adicionar uma capacidade à sua mente mais do que ele pode adicionar uma característica ao seu semblante ou um centímetro à sua estatura. Mas o homem que aprendeu a orar pode, diante do trono da graça, obter o que realmente é o aprimoramento de seu intelecto e o aumento de suas capacidades — essa sabedoria divina que suplantará ou complementará a sua própria.

Deve ser um chamado muito fácil para quem nunca sentiu necessidade de mais habilidade e prudência — mais *sabedoria* do que é natural para ele. Tome os exemplos mais comuns. Você é pai ou mãe — talvez um pai viúvo ou uma mãe viúva e tem seus filhos ao seu redor. Ao permitir que a mente deles seja sempre tão suscetível e maleável, quão importantes são todos os seus movimentos e comportamento em sua influência sobre eles! Com certeza, quão influente para o mal é uma única inconsistência, a mais trivial inadvertência, vinda com toda a sanção do exemplo de um pai! Como é possível para um pai, por mera falta de consideração, perpetuar suas próprias piores características nas muitas pessoas que sobreviverão a ele! E, apenas porque eles o amavam tanto e o copiaram tão de perto, como é possível transmitir no caráter de seus filhos a semelhança do *pior* que há nele — a imagem de sua frivolidade, ou rabugice, ou indolência! Não, como é possível converter uma criança no monumento perene de algumas loucuras ocasionais, para prolongar, em seu caráter habitual, os dizeres e ações de alguns momentos de descuido! Então, novamente, pode haver entre essas crianças problemas mais intrigantes, algumas crianças que não são nem afetuosas nem dóceis, que não são propensas, por mera absorção moral, a reter as boas influências com as quais estão cercadas. São problemas cuja gestão exige mais do que paciência e ternura — são refratárias, egoístas ou de natureza peculiar, sobre as quais nada além das medidas decisivas de uma profunda sagacidade, nem golpes ousados de uma natureza forte podem causar qualquer impressão permanente. Quem quer que seja que ocupe uma posição de influência moral, uma posição onde sua labuta esteja entre os materiais mais perigosos com os quais o homem possa se envolver, as afeições e disposições, os *desejos* dos outros, deve ter uma autoconfiança incrível, ou uma insensatez deplorável, se não for frequentemente abatido pela solenidade de sua posição. Uma oração mais atenciosa e magnânima foi feita por alguém em tal posição, uma oração cujo espírito todos os pais, professores e pastores devem imitar. Uma resposta semelhante é o que todos os pais, professores e pastores que a fazem são encorajados a esperar: "Em Gibeão, apareceu o SENHOR a Salomão, de noite, em sonhos. Disse-lhe Deus: Pede-me o que queres que eu te dê. Respondeu Salomão: De grande benevolência usaste para com teu servo Davi, meu pai, porque ele andou contigo em fidelidade, e em justiça, e em retidão de coração, perante a tua face; mantiveste-lhe esta grande benevolência e lhe deste um filho que se assentasse no seu trono, como hoje se vê. Agora, pois, ó Senhor, meu Deus, tu fizeste reinar teu servo em lugar de Davi, meu pai; não passo de uma criança, não sei como conduzir-me. Teu servo está no meio do teu povo que elegeste, povo grande, tão numeroso, que se não pode contar. Dá, pois, ao teu servo coração compreensivo para julgar a teu povo, para que prudentemente discirna entre o bem e o mal; pois quem poderia julgar a este grande povo? Estas palavras agradaram ao Senhor, por haver Salomão pedido tal coisa. Disse-lhe Deus: Já que pediste esta coisa e não pediste longevidade, nem riquezas, nem a morte de teus inimigos; mas pediste entendimento, para discernires o que é justo; eis que faço segundo as tuas palavras: dou-te coração sábio e inteligente, de maneira que antes de ti não houve teu igual, nem depois de ti o haverá. Também até o que me não pediste eu te dou, tanto riquezas como glória; que não haja teu igual entre os reis, por todos os teus dias" (1Re 3:5-13).

3. Alguém entre vocês está envolvido em um importante empreendimento? "Entrega o teu caminho ao Senhor, confia nele, e o mais ele fará" (Sl 37:5). "Reconhece-o em todos os teus caminhos, e Ele endireitará as tuas veredas..." (Pv 3:6). Alguns consideram presunção suplicar a bênção de Deus sobre suas labutas diárias e vocações seculares. Eles veem as misericórdias espirituais como se fossem os únicos temas

apropriados para a oração. Veem-na como se fosse uma profanação do lugar da presença de Jeová levar assuntos tão inferiores como nossos compromissos mundanos e preocupações cotidianas. E, com certeza, se um homem não tornasse nada mais do que seu bem-estar mundano o assunto de suas súplicas, seria praticamente a mesma coisa com ele como com aqueles espíritos sórdidos que não tinham outro uso para o templo a não ser torná-lo um mercado para a venda de pombas e bois. E "não suponha esse homem que alcançará do Senhor alguma coisa" (Tg 1:7). Mas, se vocês têm o hábito de recorrer ao trono da graça por misericórdias espirituais, vocês natural e legitimamente recorrem a esse trono para misericórdias temporais também. E, de fato, nenhum empreendimento ou emprego de um cristão pode ser completamente secular.

O simples fato de ser dele lhe atribui certa sacralidade e o identifica com os interesses do reino de Deus na Terra. Não é uma questão de ocasião se um servo que faz profissão de fé deverá cumprir os deveres de sua posição da mesma forma que outros que não fazem profissão de fé. Não é uma questão de ocasião religiosa se um estudante que professa piedade não será mais habilidoso e bem-sucedido do que aquele que zomba da Bíblia. E não é uma questão irrelevante se as transações comerciais, compromissos domésticos e esforços pessoais de cristãos professos não superarem o estilo comum do mundo. E na medida em que a glória de Deus e a honra do divino Redentor estão envolvidas, é incumbência de todo convertido a Cristo falar dessa ajuda do alto que o tornará mais do que um vencedor, mesmo em sua vocação mundana. Mas mais do que isso: não há nada que possa ser importante para um filho de Deus que também não seja interessante para seu Pai celestial. Um pai bondoso não só está pronto para tirar o seu filho do fogo, mas também para livrá-lo de misérias menores. Ele não está apenas disposto a dar-lhe uma educação abrangente ou prover para o seu bem-estar, mas, se não houver nada de errado nisso, ele está pronto a satisfazer até mesmo os seus menores desejos, pronto para ajudá-lo em suas atividades mais triviais. E assim, a petição "Pai nosso, que estás no céu, [...] o pão nosso de cada dia dá-nos hoje" (Mt 6:9-11) é para nos ensinar que nada afeta o bem-estar ou o conforto de Seu filho mais fraco, mas que tudo pode receber a consideração de Seu Pai celestial, e, portanto, é um assunto apropriado para a oração. E assim como o Senhor está pronto para ouvir a oração em tais casos, também a sabedoria do alto está disponível para todo aquele que a busca através da súplica oportuna, para aliviar seu próprio trabalho e garantir seu próprio sucesso. A oração de Jacó teve mais efeito para acalmar Esaú do que o seu presente. A petição de Eliézer, quando se ajoelhou ao lado do camelo, teve mais efeito para tornar bem-sucedida a sua missão do que as precauções de seu próprio mestre. E a intercessão de Ezequias resgatou Jerusalém quando seus muros estavam destruídos, e nada, a não ser o braço de Jeová, poderia derrotar o invasor. Não conhecemos a história secreta das movimentações mais poderosas deste mundo e seus monumentos mais altivos, mas pelo pouco que sabemos, podemos afirmar que os homens que mais prosperaram foram os homens que separaram mais tempo para orar. Henrique IV da França atribuiu sua coroa à oração, e Gustavo, as suas vitórias. O pai das belas artes modernas costumava, antes de começar qualquer nova composição, invocar a inspiração de Deus, que em outros dias ensinou a Aoliabe. E o Golias da literatura inglesa percebia que era bem-sucedido nos estudos quando orava dedicadamente. E o que Michelangelo, Milton e Johnson descobriram ser tão útil para sua poderosa genialidade não pode nos causar mal. Vocês leram em nossa própria história sobre aquele herói que desmontou calmamente para consertar uma falha no arreio de seu cavalo, quando uma força extraordinária estava em plena perseguição e todos os seus seguidores o incitavam a uma fuga mais rápida. Enquanto ocupado com a fivela quebrada, a nuvem distante desceu em um trovão mais próximo, mas, assim que os cascos rampantes e as lanças ávidas se aproximaram dele, a falha foi consertada, o fecho foi fechado, o corcel foi montado e, como um falcão voando, ele havia desaparecido de vista. A fivela quebrada o teria deixado no campo como um prisioneiro desmontado e inglorioso. O atraso oportuno novamente o enviou em segurança a seus exultantes companheiros. No dia a dia há a mesma precipitação azarada e o mesmo atraso proveitoso. O homem que, de seu despertar sem oração, salta para as atividades do dia, por melhor que seja seu talento e grande sua diligência, está apenas galopando em um corcel arreado com uma fivela quebrada. Não deve se admirar caso, em sua pressa intensa, ou no salto mais perigoso, ele seja deixado inglório na poeira. Embora possa ocasionar algum pequeno atraso de antemão, mais sábio é o seu próximo ao colocar tudo em ordem antes da marcha começar.

4. Mas procurem, com zelo, os melhores dons. Alguém entre vocês está desejoso em relação à sua alma, mas aflito por causa das trevas? "Ora, se vós, que sois maus, sabeis dar boas dádivas aos vossos filhos, quanto mais o Pai celestial dará o Espírito Santo àqueles que lho pedirem?" (Lc 11:13). Se alguém estiver no início de seus questionamentos religiosos, sentirá uma carência especial. As questões às quais seus pensamentos estão agora voltados são novas. Até agora, ele não prestou muita atenção a elas, e agora, quando os assuntos se tornaram urgentes, ele se sente estranho no meio deles. Ele busca em sua Bíblia, mas tudo é completamente tão estranho, as verdades com as quais ele lida estão tão distantes da maneira comum de seu pensar. Seu próprio estilo é tão estranho de seu modo comum de expressão, que ele se sente como uma pessoa poderia se sentir se tivesse de alguma forma sido transportada para outro planeta. Sente não apenas que viu formas de existência lá totalmente diferentes de qualquer coisa que sua imaginação jamais tinha concebido, mas que não havia estado muito tempo entre eles até começar a supor que não tinha a capacidade para entendê-los completamente. Ele não está há muito tempo neste novo mundo até começar a suspeitar que ali são necessários mais de cinco sentidos. Percebe aparências que indicam que seus ouvidos não podem detectar e seus olhos não podem penetrar nas coisas que estão acontecendo. Ele se encontra num mundo de profundo interesse, mas um mundo de mistério angustiante. O suficiente vem ao seu conhecimento para fazê-lo desejar ser capaz de compreender tudo, mas para convencê-lo de que suas principais características são aquelas que ele não conhece e não tem os meios de descobrir. Usemos uma

ilustração mais óbvia: a maioria das pessoas no início de sua iluminação espiritual é como o cego em Betsaida, quando sua visão foi parcialmente restaurada. O cego abriu seus olhos e viu homens andando como se fossem árvores. Ele viu que estava em um mundo de luz, vegetação e vivacidade, mas era tudo uma mistura de homens frondosos e árvores ambulantes — um misto de luz e movimento. Esse homem não tinha as percepções claras — nenhuma ideia aguçada e definitiva. Mas — outro toque do mesmo dedo milagroso! — ele olhou novamente, e os homens caminhavam, as árvores estavam paradas, os barcos brilharam sobre o Genesaré, e Betsaida sorria para o céu de verão. No início de questionamentos religiosos, o homem encontra-se em uma região de profundo interesse, mas com uma região de contornos sombrios e obscuridade oscilante. Suas noções se esbarram em outras, e ele tem uma impressão mais confusa da extensão da paisagem do que uma percepção clara de qualquer objeto nela. Como o homem que confundiu pessoas andando com árvores, ele é capaz de confundir uma doutrina com outra. Confunde a fé com o Salvador. Mistura o evangelho e a Lei e crê que deve haver uma mudança em si mesmo antes que esteja habilitado a crer em Cristo para a salvação. E se, nessa fase, conselheiros amigáveis chegam com suas distinções e explicações, eles respondem quase ao mesmo propósito que alguém que deveria ter se esforçado para expor a paisagem ao parcialmente iluminado galileu. Depois de todos os seus esforços bem intencionados, a cena ainda teria mostrado um caos de cores brilhantes e manchas dançantes, e nada além de outro toque da mão onipotente poderia projetar o todo em esplêndida distinção. E, assim como no caso do galileu de visão turva, não foi tanto um raio de sol, mas um espectro de luz que saudou seus olhos. Da mesma forma, no início de uma convicção espiritual, muitas vezes acontece que não é o evangelho caloroso e radiante que encontra a visão exploradora, mas uma versão fria e nebulosa dele. Não é aquele evangelho através do qual o amor de Deus derrama Sua torrente de carinho, mas é um evangelho numa névoa — um evangelho de atributos conflitantes e significados ambíguos, de amor fraco e bondade duvidosa. E não é até que um poder do alto transmita percepções mais claras e visão mais intensa, que, como as cenas alegres que correram sobre os olhos totalmente abertos do homem de Betsaida, o método de misericórdia se destaca em assegurar a distinção, e depois derrete-se sobre a alma em sua beleza genial e glórias intensas.

Bem, meus amigos, se algum de vocês estiver nessa situação, se vocês desejaram por algum tempo uma teologia clara e uma religião que satisfaça a alma, essa é a maneira de obtê-la. Vocês, talvez, a procuraram em livros e em sermões. Talvez vocês tenham procurado na Bíblia e em pensamento íntimos, e ainda assim não a encontraram. Busquem-na "do alto". Busquem-na em oração. Não fechem a Bíblia nem abandonem o santuário. Não joguem fora o livro nem deixem de refletir e meditar, mas busquem a sabedoria do alto. Não é uma pregação mais clara, certamente não é uma Bíblia mais clara que vocês precisam, mas uma visão mais clara — um poder de discernimento mais aguçado e uma visão mais perspicaz em si mesmos. Essa "abertura de seus olhos", essa exaltação de suas capacidades, somente Deus pode dar. Mas Ele a *dará*. Vocês carecem de sabedoria. Peçam-na a Deus.

Com sua leitura, audição, meditação, oração unificada e no aclaramento de suas visões e o fortalecimento da fé, vocês descobrirão que Deus está enviando Sua luz e verdade e, pela iluminação de Seu próprio Espírito, os está tornando mais sábios do que todos os seus mestres.[9]

---

[9] Esta seleção é extraída de James Hamilton, *Works of the Late Rev. James Hamilton. In Six Volumes. Vol. I.* (Londres: Nisbet e Co., 1873, *The Spurgeon Library, Midwestern Baptist Theological Seminary*, Kansas City, Missouri), 151-169.

O INTERCESSOR LÁ DE CIMA: AQUELE EM NÓS QUE NOS INSTIGA

*Por isso, [Jesus] também pode salvar totalmente
os que por Ele se chegam a Deus,
vivendo sempre para interceder por eles.*
—Hebreus 7:25

*Também o Espírito, semelhantemente, nos assiste
em nossas fraquezas; porque não sabemos orar
como convém, mas o mesmo Espírito intercede por nós
sobremaneira, com gemidos inexprimíveis.*
—Romanos 8:26

Nada mostra tão fortemente que Deus está disposto a ouvir e a responder a oração como a Sua provisão para a apresentação aceitável e eficaz dela. Por mais indigno que seja o requerente, ele pode apresentar sua petição em nome do amado Filho de Deus. E, por mais fracas que sejam suas ideias e impotentes suas expressões, ele pode obter, como o instigador de seu desejo e o guia de sua devoção, ninguém menos que o Espírito de Deus. O primeiro texto nos assegura que, em todos os casos em que a oração é feita em nome de Jesus, Ele faz a intercessão diante do Pai.

Jesus senta-se à destra do Pai e lá intercede por Seu povo. Essa é apenas a sequência e continuação da redenção. Da mesma forma que a providência de Deus é a preservação de Sua criação uma vez que Ele a formou, assim a intercessão de Cristo é a preservação de Sua Igreja agora que Ele a comprou. A presença do Mediador além do véu garante a perseverança do Seu povo até que eles também estejam dentro dele, pois Cristo intercede por nós. Ele vê alguns "Pedros" neste momento prestes a serem peneirados como trigo e ora para que a fé que possuem não falhe. Quando Jesus vê um filho da luz andando nas trevas ou algum discípulo desamparado prestes a esmorecer pelo caminho, Ele ora ao Pai, que envia o Consolador. Ele vê um grupo de discípulos intensamente tentados. Espia um Ló em Sodoma, ou um Daniel na cova — um José no Egito, ou um santo em Sárdis, e diz: "Pai santo, guarda em teu nome aqueles que me deste [...], que os livres do mal" (Jo 17:11,15 ARC). Ele vê um convertido a Cristo se tornando formal e frio, restringindo a oração e desprezando a Palavra, e diz: "Santifica-os na verdade" (v.17). E então vem a doença que o leva de volta ao trono da graça, ou a tristeza que o envia à Palavra novamente. E, descobrindo uma infinidade de pecados não detectados e carecendo da graça, o convertido é santificado novamente. E veja! Jesus se levanta avidamente de Seu trono real, pois lá está um convertido morrendo: "o Filho do Homem, em pé à destra de Deus" (At 7:56), pois um Estêvão está prestes a cair no sono, e o Intercessor clama: "Pai, a minha vontade é que onde eu estou, estejam também comigo os que me deste, para que vejam a minha glória que me conferiste..." (Jo 17:24). O Pai deseja, e o Senhor Jesus recebe esse espírito.

Mas, por assim dizer, por parte de Deus, "tudo já está preparado" (Lc 14:17). Embora Ele se sente em Seu trono de graça e o Mediador espere com Seu incensário de ouro para receber e, em seguida, oferecer as orações dos pecadores aqui na Terra, nem tudo está preparado da parte do pecador. Desconfiança em relação a Deus, obscuridade de percepção, frieza de desejo, perversidade de vontade e desvio de espírito, são tantas "enfermidades" sob as quais cada um que suplica labuta. E é para o "auxílio" dessas "enfermidades" que o Deus da graça providenciou não apenas um Advogado lá no Céu, mas alguém dentro de nós que nos instiga e nos faz lembrar o que dizer. Felizmente para nós, podemos acrescentar que o Espírito Santo guia os pensamentos e instiga os desejos. Ele auxilia nas enfermidades dos crentes em Jesus quando eles oram.

1. A consciência de culpa é um grande obstáculo à oração. Quando o pecado é recente — quando como Adão se escondendo entre as árvores, o doce amargo do fruto proibido ainda presente ao seu paladar, e seus olhos recém-abertos horrorizados com sua própria deformidade —, não é natural que o transgressor autocondenado se aproxime de Deus. E não o é até que o Espírito de Deus direcione sua visão para o sacrifício despercebido e o encoraje a vestir o manto do poder de Deus, que o criminoso envergonhado e trêmulo possa se aventurar de volta à presença de Deus. E não é até que o Espírito de Deus entre em sua alma e comece a clamar *Aba*, que a alma vai alegremente se encontrar com um Deus reconciliado. É obra daquele que, na Sua vinda, convence não apenas do pecado, mas da justiça, revelar o

grande Sumo Sacerdote — o árbitro entre a santidade infinita e a vileza humana —, abrir o Céu e mostrar Jesus em pé à destra de Deus, transmitir confiança na obra consumada, e assim, em meio à culpa abundante, dar esperança à oração.

2. Outro grande empecilho à oração é a obscuridade da percepção espiritual. Quando um homem de bom gosto ou ciência escala uma montanha em um dia brilhante e claro, ele se alegra com sua boa perspectiva ou espólios interessantes, mas seu cão não tem interesse por eles. O homem vê o filósofo espreitando através de seu telescópio, ou explorando as pequenas plantas que crescem perto do cume, ou partindo as rochas e colocando fragmentos na sacola, mas nunca ocorre ao cão se maravilhar com o que seu dono está encontrando ali. O cão se senta bocejando e ofegante numa colina ensolarada, ou agarra a abelha da montanha quando ela passa por ele, ou persegue os coelhos de volta em suas tocas e corre para baixo, com alegria ruidosa, assim que a permanência faminta é encerrada. A disparidade entre o filósofo e seu amigo irracional não é maior do que entre o convertido e o mundano quando eles são trazidos ao domínio da fé. "O homem natural não aceita as coisas do Espírito de Deus" (1Co 2:14), e no Pisga da mesma revelação de onde o cristão avista uma terra boa, e onde ele está fazendo as descobertas mais interessantes, o outro não vê nada que prenda a sua atenção. Para os homens mundanos, a Palavra de Deus, Suas promessas, o trono da graça e seus privilégios e as coisas da fé em todas as suas variedades não existem. E quando forçados a ter a companhia de outras pessoas em ordenanças exteriores, são gratos quando a oração é concluída ou o

fechamento do santuário os envia de volta ao mundo novamente. Mas, assim como o mesmo amante da natureza pode ascender sua eminência favorita no dia seguinte e encontrar todas as suas boas perspectivas interceptadas por uma névoa desconcertante — tão densa que, exceto um seixo aqui e ali, ele não pode pousar em nenhuma de suas raras criações, e sem qualquer visão clara através da qual ele possa ter um vislumbre das belas regiões ao redor —, assim o convertido a Jesus pode subir a colina de Deus, pode abrir sua Bíblia ou entrar em seu quarto e descobrir, infelizmente, que é um dia de nevoeiro, que o belo panorama está obscurecido e ele mesmo foi deixado para tatear friamente na escuridão fria e perturbadora. Mas, como um vendaval de verão acaba surgindo e dissipando toda a neblina do topo da montanha, o sopro do Espírito Onipotente pode espalhar todas as nuvens e deixar a alma em um pináculo do panorama mais amplo, regozijando-se na luz mais pura de Deus.

3. A fraqueza do afeto em relação a Deus é uma terceira enfermidade dos santos e um grande empecilho à oração. A afeição humana é uma mola intermitente. Mesmo que os riachos escondidos que a alimentam estejam sempre fluindo, é apenas esporadicamente, quando a fonte está cheia até a borda, que há um transbordamento momentâneo. Pode haver um apego muito profundo entre os membros de uma família, e ainda assim é apenas em alguma ocasião casual, o dia de sua reunião após uma longa separação, ou a véspera da despedida, ou uma daquelas ocasiões propícias quando as pessoas percebem o quão felizes elas são que a fonte transborda, e eles dão expressão às suas emoções irreprimíveis.

Mas, devido a essa deficiência de ardor, essa descontinuidade em suas demonstrações de afeto fervoroso permite que os membros de uma família harmoniosa estejam mais unidos, e ainda assim não aproveitem ao máximo suas oportunidades de relacionamento mútuo, nem de crescer em conhecimento uns dos outros ou carinho mútuo. Essa enfermidade da afeição humana se estende ao reino da fé. Há um afeto real por parte do convertido em relação ao seu Pai celestial, contudo muitas vezes é latente, muitas vezes lânguido, nem sempre cheio e transbordante e muitas vezes requer algum acontecimento especial de misericórdia ou de julgamento para crescer até aquele ponto que ele mesmo se torna consciente de Sua presença. Assim como separações em perigo ou reais trazem à tona o amor dos amigos uns aos outros, igualmente um decreto como o de Dario impedindo a oração, ou uma fuga, como a de Davi da casa de Deus para a terra do Jordão, traz à superfície o amor do convertido por seu Pai celestial e revela-o para si mesmo. E assim como atos repentinos de bondade surpreendem os antigos amigos com uma afeição mais carinhosa e mais franca, a chegada inesperada de alguma misericórdia impressionante levará o cristão a tal gratidão ou auto-humilhação que o transportará instantaneamente ao trono da graça. Mas, mesmo à parte de qualquer atual visitação de julgamento ou misericórdia, há influências que, de tempos em tempos, sobrecarregarão a alma convertida com gratidão, ou adoração, ou fervor por Deus. E, assim como no decorrer da vida há momentos auspiciosos em que a memória ou um olho atento revela, com todo o entusiasmo da novidade, a excelência de um amigo conhecido, também há horas geniais na história do convertido, quando o Espírito, o Iluminador e Aquele que nos faz lembrar, mostra tais atrações nesse Amigo autossuficiente de quem tão rapidamente nos esquecemos, para quem a alma extasiada olha e se maravilha e não deseja maior bem-aventurança. Voltando ao nosso testemunho original: como a fonte intermitente exige um longo intervalo de tempo para encher numa estação seca e escaldante, mas enche-se mais rápido e transborda com mais frequência à medida que a montanha é banhada por abundantes orvalhos e pode, por fim, em meio à chuva abundante, tornar-se um riacho constante, da mesma maneira, à medida que o coração do convertido é preenchido com mais amor e alegria pelo abundante derramamento do Espírito, a fonte rara e intermitente de súplicas flui com mais frequência. Ela logo se torna, não diária, mas uma emanação constante, até que o santo de alma íntegra e repleta de Céu aprenda a "[orar] sem cessar" (1Ts 5:17).

4. Outra enfermidade dos santos é a disposição de pedir coisas erradas. Não sabemos pelo que orar como deveríamos. As bênçãos pelas quais é mais natural orar são aquelas de que menos precisamos, bênçãos temporais. Com muita frequência há urgência e importunação para essas estranhas desproporções em relação à sinceridade com que imploramos os melhores dons. Às vezes, o convertido ora ao Senhor para que o espinho na carne se afaste dele muito mais avidamente do que pede para que a graça seja suficiente, a qual fará com que o espinho não seja mais dolorido, ou mesmo que o capacite a se gloriar na enfermidade. Mais uma vez, entre as bênçãos espirituais, nem sempre os cristãos desejam

com mais determinação os melhores dons, ou os dons que em suas circunstâncias seriam melhores para eles. Foi bom para Pedro, Tiago e João estarem no santo monte, e eles oraram para permanecerem lá. Mas foi bom para o mundo, e, mais tarde, bom para eles mesmos, que eles tenham sido obrigados a descer. É natural que os fiéis desejem o arrebatamento e a ascensão mais intensamente do que o trabalho árduo e os perigosos testemunhos sobre Jesus e uma peregrinação penosa através deste mundo hostil. Mas, para eles e para o mundo, é melhor que os convertidos desçam do santo monte para praticar ativamente o seu chamado à obra, porém lembrando-se, enquanto prosseguem, daquilo que ouviram e viram quando estavam com Jesus no monte.

Mas o Espírito Santo conhece o verdadeiro estado de cada um. Ele sabe quais bênçãos espirituais aquele que suplica realmente precisa e quais bênçãos temporais não seriam bênçãos definitivas para ele alcançar. Se for um bem temporal perigoso, o Espírito Santo pode fazer a alma parar de o desejar veementemente, ou, ao exibir algum bem celestial insuperável, pode despertar tais anseios por *isso* como poderá permitir que o outro seja esquecido. Ou simplesmente reconciliar a alma à adorável vontade de Deus pode torná-la contente em mesclar seus próprios anseios instintivos com Sua majestosa soberania. Então, novamente, o Espírito Santo pode revelar à alma suas reais necessidades, para que o tempo de oração não seja gasto em implorar por bênçãos indesejadas ou confissão de defeitos imperceptíveis. O Espírito Santo sabe o que está de acordo com a vontade de Deus e ensina o suplicante a pedir por essas bênçãos em suas petições as quais Ele pode rogar pelo preceito de Deus ou promessa de Deus.

5. Uma quinta enfermidade dos santos é que, mesmo quando pedem as coisas certas, não pedem de maneira agradável à vontade de Deus. Alguns são assombrados por pensamentos mundanos e frívolos enquanto oram. Sentem-se como se a mente nunca fosse tão tola e insignificante, tão terrena e carnal, como quando tentam orar. Poderia parecer que todas as vaidades da semana vieram se aglomerar na mente, como se a um dado sinal, no exato momento em que se ajoelham, e, sem força ou significado, entremeadas num enxame de imaginações e pensamentos ociosos ascendessem as súplicas pelas bênçãos mais estupendas. Ou talvez, em meio à maior serenidade de espírito, possa haver pouco ou nenhum anseio pela bênção pedida. O suplicante a implora, não tanto porque ele a valoriza ou deseja, mas por considerar adequado fazer menção a ela. E depois de uma enumeração formal de bênçãos não buscadas, ele segue seu caminho, sem ter realmente apresentado um pedido principal, uma oração fervorosa efetiva, diante do trono da graça. Ou talvez, em meio a considerável fervor e urgência, o crente em Jesus esteja envergonhado e angustiado com a inadequação de seus pensamentos, suas concepções mesquinhas dos benefícios indescritíveis pelos quais ele está suplicando e seus pensamentos indignos sobre esse Deus com quem ele tem que lidar. Bem, o remédio para todos esses transtornos nos deveres sagrados está no próprio Espírito. Nós podemos fechar a porta, mas Ele pode fechar o coração e bloquear o mundo e todos os seus fantasmas. Podemos abrir a Bíblia e

olhar para as promessas, mas Ele pode abrir o Céu e mostrar cada promessa em Sua gloriosa realização. Podemos levantar os olhos em direção às colinas, mas Ele pode nos mostrar "Aquele que é invisível" (Hb 11:27). O Espírito Santo pode capacitar nossa alma para descansar nele com a mais doce segurança pela realização de tudo o que Ele disse. Podemos nos desafiar a cumprir determinados tempos de devoção e decidir que passaremos um designado tempo em oração, mas Ele pode ampliar muito o coração, pode tornar o espírito tão forte no Senhor e na força de Seu poder, pode encher a mente com anseios pela pureza angelical, tanto deleite nas coisas celestiais e aspirações tão veementes por Deus. O Espírito Santo pode interceder em nosso interior com esses anseios e gemidos que não podem ser proferidos, de forma que as horas e os minutos não sejam contados, e a alma incansável continue "[perseverando] em oração" (Cl 4:2).[10]

---

[10] Esta seleção é extraída de James Hamilton, *Works of the Late Rev. James Hamilton. In Six Volumes. Vol. I.* (Londres: Nisbet and Co., 1873, *The Spurgeon Library, Midwestern Baptist Theological Seminary*, Kansas City, Missouri), 142-150.

2

Seleção de

WILLIAM PALEY

ORAÇÃO IMITANDO CRISTO

*Ele, porém, se retirava
para lugares solitários e orava.*
—Lucas 5:16

Para nós, imitar o nosso Salvador é justamente apresentado como sendo uma regra de vida. No entanto, há muitas coisas em que não podemos imitá-lo. O que depende de Seu caráter milagroso deve necessariamente ultrapassar os nossos esforços e ser colocado fora do alcance de nossa imitação. Esse argumento torna as particularidades nas quais *somos* capazes de seguir Seu exemplo de grande importância para nossa observação, pois é devido a elas que nossas esperanças de tê-lo como nosso padrão, de seguir Suas pegadas, estão necessariamente confinadas.

Bem, a piedade de nosso Senhor é uma dessas particularidades. *Podemos*, se formos bem conscientes, orar a Deus, como Ele fez. Podemos almejar o espírito, a ternura e a seriedade de Suas devoções. Podemos usar, pelo menos, essas ocasiões, e esse modo de devoção, que o Seu exemplo nos indica.

Deve-se ressaltar que a plenitude de *devoção mental* era a força motriz e a fonte da piedade visível de nosso Senhor.

E devemos obter esse estado de espírito, que consiste nisto: o hábito de voltar nossos pensamentos a Deus, sempre que eles não estiverem tomados por algum compromisso pessoal.

Todos os homens, quando não estão pessoalmente ocupados, têm algum assunto ou outro ao qual seus pensamentos se voltam. Para o bom cristão, esse assunto é Deus, ou o que diz respeito a Ele. Um bom cristão, andando em seus campos, sentado em seu quarto, deitado em sua cama, está pensando em Deus. Suas reflexões concentram-se nesse objetivo, e então seus pensamentos iluminam suas devoções. A devoção nunca brilha tanto ou é tão terna como quando irradia do interior para o exterior. Essas reflexões, essa devoção mental — a imensidão, a natureza estupenda do adorável Ser que fez e que sustém todas as coisas a nosso respeito, Sua graça, Seu amor, Sua condescendência em relação às Suas criaturas racionais e morais, ou seja, em relação aos homens, as coisas boas que Ele pôs ao nosso alcance, a felicidade celestial que Ele nos capacitou a obter, o momento infinito do nosso agir bem e corretamente, para não perder a grande recompensa, e não apenas perder nossa recompensa, mas afundar na perdição —, não deixarão de gerar devoção, de mover dentro de nós orações ou ações de graças, ou ambas. Talvez a diferença entre um caráter religioso e um não religioso dependa mais dessa devoção mental do que de qualquer outra coisa. A diferença se mostrará na vida e na conversa dos homens, em seus relacionamentos com a humanidade e nos diversos deveres e ofícios de sua posição. Mas isso se origina e provém de uma diferença em seus hábitos mentais íntimos com respeito a Deus. No hábito de pensar nele em particular e do que se relaciona com Ele. Ao cultivar esses pensamentos, ou negligenciá-los, convidando-os, ou distanciando-se deles, ao formar, ou ao ter formado, um hábito e costume, até esse ponto, não observado e não observável pelos outros (porque passam na mente e ninguém pode ver), mas da consequência mais decisiva para nosso caráter espiritual e interesses imortais. Esta mente estava em Cristo: uma piedade profunda, estável e constante. Vimos as expressões dessa piedade em todas as formas que podem denotar seriedade e sinceridade, mas o próprio princípio estava profundamente inserido em Sua alma divina. As expressões também eram ocasionais, muitas ou poucas, conforme as ocasiões exigiam ou eram oferecidas as oportunidades, mas o princípio era estável e constante, ininterrupto, não cancelado.

Porém, novamente, o nosso Senhor cuja piedade mental era tão inquestionável, tão ardente e tão incessante, não se contentou com isso. Ele considerou adequado, descobrimos, muitas vezes, e, não duvido, também com muita frequência, demonstrá-la em oração genuína, revesti-la de palavras, dedicar-se à devoção visível, retirar-se para uma montanha com esse propósito expresso, retirar-se a uma curta distância de Seus companheiros, ajoelhar-se, passar a noite inteira em oração ou em um lugar dedicado à oração. Que todos que sentem o seu coração impregnado de fervor religioso lembrem-se desse exemplo. Lembrem-se de que essa disposição do coração deve expressar-se em verdadeira oração. Que não tenham medo nem se envergonhem, que não permitam que ninguém nem nada os impeça do exercício sagrado. Eles encontrarão as dedicadas disposições de sua alma fortalecidas, gratificadas, confirmadas. Essa exortação pode não ser necessária para a generalidade dos temperamentos piedosos. Eles seguirão naturalmente a sua propensão, e da mesma maneira isso os levará à oração. Mas alguns, mesmo os homens bons, pensam de maneira muito abstrata sobre esse assunto. Eles pensam que, já que Deus vê e considera o coração, se sua devoção estiver *lá*, se estiver no âmago de seu ser, todos os sinais e expressões exteriores dele são supérfluos. Basta responder que nosso bendito Senhor não pensou assim. Ele tinha toda a plenitude da devoção em Sua alma, no entanto, Ele não considerou supérfluo anunciar e pronunciar a oração audível a Deus. E não somente isso, mas se retirar e se afastar de outros compromissos, até mesmo dos Seus companheiros mais íntimos e favoritos, expressamente para esse propósito.

Mais uma vez, a retirada de nosso Senhor para a oração parece comumente ter seguido algum ato de indicação e exibição de Seus poderes divinos. Ele fazia tudo para a glória de Deus. Ele atribuía Seus poderes divinos à dádiva de Seu Pai. Ele os tornou objeto de Sua gratidão, na medida em que eles faziam Sua grande obra avançar. Ele os seguia através de Suas devoções. "Toda boa dádiva e todo dom perfeito são lá do alto, descendo do Pai das luzes" (Tg 1:17). As capacidades que possuímos sejam elas naturais ou sobrenaturais são por doação de Deus. Qualquer exercício bem-sucedido dessas capacidades, qualquer ocasião em que tenhamos sido capazes de fazer algo bom, de forma adequada e verdadeira, seja para a comunidade, que é a melhor de todas, para a nossa vizinhança, para nossas famílias, até para nós mesmos, deve agitar e despertar nossa gratidão a Deus e levar essa gratidão à verdadeira devoção. Isso é para imitar nosso bendito

Senhor, na medida em que de alguma forma podemos imitá-lo. É adotarmos em nossa vida o princípio que o regia.

Novamente, parece, em uma ocasião, pelo menos, que a retirada de nosso Senhor para oração era preparatória para uma obra importante que Ele estava prestes a executar. A maneira como Lucas relata esse exemplo é assim: "Naqueles dias, retirou-se para o monte, a fim de orar, e passou a noite orando a Deus. E, quando amanheceu, chamou a si os seus discípulos e escolheu doze dentre eles, aos quais deu também o nome de apóstolos" (Lc 6:12,13). A partir dessa declaração, deduzo que a noite que nosso Senhor passou em oração foi preparatória para o que Ele estava prestes a fazer, e certamente era um relevante ofício. Importante para Ele, para Sua religião, para o mundo inteiro. Tampouco se diga que nosso Senhor, afinal, pelo menos em um caso, foi infeliz em Sua escolha: dos doze, um o traiu. Essa escolha não foi um erro. Uma notável profecia deveria ser cumprida, e outros propósitos deveriam ser atendidos, dos quais não podemos falar particularmente agora. "Eu conheço", diz nosso Senhor, "aqueles que escolhi". Mas vamos nos limitar à nossa observação. Foi uma escolha importante. Foi uma decisão de grande consequência. E foi, por parte de nosso Senhor, precedida de oração. Não só isso, mas por uma noite passada em oração. "E passou a noite orando a Deus", ou, se preferir, em uma casa separada à oração a Deus. Aqui, portanto, temos um exemplo que *podemos* e devemos imitar. Nada de importância singular, nada de momento extraordinário, seja para nós mesmos ou para os outros, deve ser resolvido ou empreendido sem oração a Deus, sem devoção prévia. É uma atuação natural de piedade levar a mente a

Deus, sempre que qualquer coisa a pressione e pese sobre ela. Aqueles que não sentem essa tendência têm motivos para se desculpar e serem suspeitos de falta de piedade. Além disso, temos, primeiramente, o exemplo direto do nosso próprio Senhor. Creio também, devo acrescentar, que temos o exemplo e a prática de bons homens em todas as épocas do mundo.

Mais uma vez, encontramos o nosso Senhor recorrendo à oração em Sua última situação extrema, e com tamanha seriedade, eu quase disse com veemente devoção, proporcional à ocasião. Os termos em que os evangelistas descrevem a devoção de nosso Senhor no jardim do Getsêmani, na noite anterior à Sua morte, são os mais fortes que poderiam ser usados. Assim que Ele chegou ao local, disse para Seus discípulos orarem. Quando estava ali, Ele lhes disse: "Vigiai e orai, para que não entreis em tentação" (Mt 26:41). Isso não o satisfez, não foi suficiente para o estado de espírito e sofrimentos de Sua alma. Jesus se distanciou deles, afastou-se "cerca de um tiro de pedra, e, de joelhos orava" (Lc 22:41). Ouça a descrição de Sua luta em oração. Três vezes Ele veio aos Seus discípulos e voltou novamente à oração. Três vezes Ele se ajoelhou a uma distância deles, repetindo as mesmas palavras. "E, estando em agonia, orava mais intensamente. E aconteceu que seu suor se tornou como gotas de sangue caindo sobre a terra" (v.44). No entanto, em tudo isso, durante toda a cena, a conclusão constante de Sua oração era: "Não se faça a minha vontade, e sim a tua" (v.42). Foi a maior ocasião que já existiu. E a intensidade da oração de nosso Senhor, a devoção de Sua alma, correspondia a ela. Cenas de profunda angústia esperam por todos nós.

É vão esperar passar pelo mundo sem cair nelas. Temos, no exemplo de nosso Senhor, o modelo para o nosso comportamento nas ocasiões mais severas e mais difíceis. Afligidos, mas resignados. Entristecidos e feridos, mas submissos. Não insensíveis a nossos sofrimentos, mas crescendo no ardor e fervor de nossa oração, em proporção à dor e intensidade de nossos sentimentos.

Contudo, qualquer que seja o destino de nossa vida, uma situação extremamente enorme, pelo menos, a hora da aproximação da morte, certamente será transposta. O que deve nos ocupar, então? O que pode nos sustentar? A oração. Esta foi, para o nosso bendito Senhor, um refúgio da tempestade. Quase cada palavra que Ele proferiu durante essa cena tremenda foi uma oração. A oração mais fervorosa, a mais urgente, repetida, contínua, procedendo dos recônditos de Sua alma, privada, solitária. Oração por libertação, oração por força, acima de tudo, oração por resignação.[11]

---

[11] Esta seleção é extraída de James Paxton, *The works of William Paley, D.D. in Five Volumes. With Notes and Illustrations by James Paxton. Vol. V.* (Oxford: Impresso por J. Vincent, para Thomas Tegg e Filho, 1838, *The Spurgeon Library, Midwestern Baptist Theological Seminary*, Kansas City, Missouri), 80-85.

3

Seleção

de

THOMAS BOSTON

RECONHECIMENTO DO CASO DOS REQUERENTES NO TRIBUNAL CELESTIAL; OU A NECESSIDADE DE ORAR SEMPRE E NÃO ESMORECER

Dois sermões pregados, em uma ocasião sacramental, em Maxton, 15 e 16 de julho de 1727.

> *Disse-lhes Jesus uma parábola sobre o dever de orar sempre e nunca esmorecer.*
> —Lucas 18:1

O tempo desta vida é o tempo da provação. Somente na vida futura é de se esperar total tranquilidade. Agora é o tempo de luta e vitórias parciais. A vitória completa não vem antes da morte. Se precisarmos ter a nossa porção de bens em mãos no momento presente, e não pudermos aguardar, logo desanimaremos e nada teremos quando mais necessitarmos. Entretanto, se desejamos o Céu, devemos ser resolutos, firmes, de dura cerviz, ao enfrentarmos os desafios, e aguentar quaisquer tempestades que soprem em nosso rosto, como vemos nas palavras do texto, no qual temos:

1. A persistência do Senhor em ensinar Seus discípulos: "Disse-lhes uma parábola". O pronome *lhes*, referente aos Seus discípulos, aparece pela conexão contínua dessas palavras com o discurso em Lucas 17:22. E Jesus muda a Sua maneira de ensinar fazendo um aprimoramento prático, em uma parábola, em relação ao que Ele lhes havia ensinado antes em estilo simples (grego), "Disse-lhes uma parábola", para imprimir a lição de forma mais viva na mente e nas memórias e afeições deles.

2. Jesus lhes ensinou uma nova lição "sobre o dever de orar sempre e nunca esmorecer". O discurso de onde se infere, entre outras coisas, menciona: a) Que eles deveriam ter menos consolações do que anteriormente: "A seguir, dirigiu-se aos discípulos: Virá o tempo em que desejareis ver um dos dias do Filho do Homem e não o vereis"(v.22). b) Que teriam mais tentações: "E vos dirão: Ei-lo aqui! Ou: Lá está! Não vades nem os sigais" (v.23). c) Que o mundo estaria por muito tempo em profunda segurança, e eles por muito tempo em profunda angústia, de modo que corressem o risco de desistir (vv.26-33). d) Que o Senhor viria finalmente a eles e solucionaria tudo, mas, quando ou onde, eles não saberiam.

Bem, para orientá-los sobre como se comportar em uma situação tão difícil, Jesus lhes conta a parábola, que tem como escopo e resumo o seguinte: "orar sempre e nunca esmorecer". Então, Ele lhes diz: a) Sobre o curso que eles devem seguir:

sopre o vento da maneira que soprar, eles devem "orar sempre", não que devam estar sempre de joelhos, mas devem manter o hábito da oração. b) Eles devem se precaver de "nunca esmorecer". A palavra significa sucumbir ou ceder sob a pressão de males ou adversidades, como alguém que se afunda sob um fardo ou se entrega por causa da crueldade do percurso (Ef 3:13) e esmorece. O apóstolo explica o termo esmorecer como "desfalecer" (Gl 6:9), pois, no esmorecimento ou desmaio, os nervos ficam destravados, relaxados ou livres de tensão, e assim não há ação. Portanto, sejam quais forem as dificuldades encontradas, não devemos ficar tão exauridos com elas a ponto de desistir. c) A necessidade disso é o dever de orar sempre e nunca esmorecer. Se desistirmos, estamos acabados. Se esmorecermos e interrompermos nosso percurso, tudo estará perdido.

DOUTRINA. O nosso Senhor Jesus Cristo gentilmente declarou a todos os que têm assuntos no tribunal celestial a necessidade de agir apropriadamente para que continuem firmes e não esmoreçam, seja o que for que encontrem durante a espera de seu processo.

Nessa doutrina, há três coisas relevantes a serem consideradas:
I. O gentil alerta de nosso Senhor deste método do tribunal de Seu Pai.
II. O método do tribunal celestial: provar os requerentes com algumas adversidades durante a espera de seu processo.
III. O dever dos requerentes: ficar firmes e nunca esmorecer, não importa a situação que enfrentarem.

I. A *primeira* coisa a ser considerada é o gentil alerta de nosso Senhor sobre este método do tribunal de Seu Pai. E aqui mostraríamos: 1. A importância de Cristo fazer essa declaração aos requerentes e 2. O peso e o momento dessa declaração.

Primeiro. Mostrarei a importância de Cristo fazer essa declaração aos requerentes no tribunal de Seu Pai.

1. As trevas, que estão naturalmente na mente dos pobres pecadores com respeito ao controle do Céu sobre eles. Podemos dizer: "são apenas os pobres que são insensatos, pois não sabem o caminho do Senhor, o direito do seu Deus" (Jr 5:4). O pastor mais desconhecido do canto mais remoto saberia mais sobre o tribunal do rei, se ele tivesse assuntos lá, do que os mortais mais sábios naturalmente sabem sobre o método do tribunal celestial. Nuvens sombrias encobrem o administrador soberano de nós: "Pelo mar foi o teu caminho; as tuas veredas, pelas grandes águas; e não se descobrem os teus vestígios" (Sl 77:19). Até mesmo Jó, que tinha sido um seguidor interessado pelo tribunal celestial, sabia pouco sobre o seu método e entendeu ser necessário aprender uma nova lição sobre ele: "Depois disto, o Senhor, do meio de um redemoinho, respondeu a Jó: Quem é este que escurece os meus desígnios com palavras sem conhecimento?" (Jó 38:1,2).

2. A boa vontade de Cristo para com os assuntos do pecador evidenciada: "Assim, Arão levará os nomes dos filhos de Israel no peitoral do juízo sobre o seu coração, quando entrar no santuário, para memória diante do Senhor continuamente" (Êx 28:29). Ele mostra isso através de Seu interesse pela maneira correta de administrá-la. Cristo sabe que eles

não estão familiarizados com o método do tribunal celestial e, portanto, correm o risco de prejudicar seus próprios processos, e, sendo assim, Ele está interessado em colocá-los no caminho para obter uma boa resposta. A pobre alma que às vezes está à beira de gemer e desistir é movida a recuar desse precipício, gemer e olhar para cima novamente. Donde é isso, senão a maneira secreta de Cristo lhes fazer esse alerta por Seu Espírito? "Também o Espírito, semelhantemente, nos assiste em nossa fraqueza; porque não sabemos orar como convém, mas o mesmo Espírito intercede por nós sobremaneira, com gemidos inexprimíveis" (Rm 8:26).

3. Que nosso Senhor veja que os pecadores correm o risco de esmorecer com a distração que podem encontrar durante a espera de seu processo (Hb 12:3). Ele conhece sua estrutura, a ansiedade do espírito deles (Jo 7:6), o quão aptos estão para aceitar atrasos por negações e serem desencorajados com o que é designado apenas para a provação deles. Portanto, Ele revela e os avisa sobre a maneira de agir no tribunal celestial: "Aquele que crer não foge" (Is 28:16).

4. Que aqueles que continuarem persistindo e não esmorecerem certamente chegarão rapidamente: "Então, disse o Senhor: Considerai no que diz este juiz iníquo. Não fará Deus justiça aos Seus escolhidos, que a Ele clamam dia e noite, embora pareça demorado em defendê-los? Digo-vos que, depressa, lhes fará justiça" (Lc 18:6-8). Não é possível que a alma, continuando decidida a não ir a nenhuma outra porta, mas insistindo à Sua porta para ali fazer a sua sepultura, se não for deixada entrar, possa ficar para fora eternamente: "o que vem a mim, de modo nenhum o lançarei fora" (Jo 6:37). A fé intencional, que será levada diante

da "morte" (Jó 13:15), obterá finalmente toda a sua intenção: "Então, lhe disse Jesus: Ó mulher, grande é a tua fé! Faça-se contigo como queres" (Mt 15:28).

Segundo. O peso e o momento desse alerta aparecerá, se considerado sob uma luz quádrupla.

1. Jesus Cristo, que alertou, experimentou-o em Seu próprio caso. O homem Cristo, o Cabeça da Igreja, tinha o assunto mais importante de todos diante do tribunal celestial, a saber, realizar a obra da qual dependia a glória de Seu Pai e a salvação de um mundo eleito. E Ele estava frequentemente em oração: Jesus passou uma noite inteira orando (Lc 6:12). Mas veja Sua experiência de tal tribunal da seguinte maneira: "Deus meu, Deus meu, por que me desamparaste? Por que se acham longe de minha salvação as palavras de meu bramido? Deus meu, clamo de dia, e não me respondes; também de noite, porém não tenho sossego" (Sl 22:1,2). E: "Salva-me, ó Deus, porque as águas me sobem até à alma. Estou atolado em profundo lamaçal, que não dá pé; estou nas profundezas das águas, e a corrente me submerge. Estou cansado de clamar, secou-se-me a garganta; os meus olhos desfalecem de tanto esperar por meu Deus" (Sl 69:1-3). Ora, se assim era com o grande Requerente, como podemos esperar que seja diferente conosco? Não, Deus, em Seu modo de lidar com Cristo, o Cabeça, estabeleceu um padrão a ser seguido posteriormente em Seu modo de lidar com os membros: "Porquanto aos que de antemão conheceu, também os predestinou para serem conformes à imagem de Seu Filho, a fim de que Ele seja o primogênito entre muitos irmãos" (Rm 8:29). Compare o versículo 28: "Sabemos que

todas as coisas cooperam para o bem daqueles que amam a Deus, daqueles que são chamados segundo o Seu propósito".

2. Ele é o grande profeta do Céu, cujo ofício é revelar o método do tribunal celestial aos pobres pecadores. Cristo está preparado para isso, por ter parte em todos os Seus segredos, que o anjo predileto não pode adentrar (Jo 1:18). Portanto, podemos ter certeza de que essa é a maneira do tribunal e que aqueles que apresentarem seus assuntos nele de maneira diferente certamente os prejudicarão.

3. Ele é o único Intercessor lá, o Secretário do Pai, o Requerente dos pobres pecadores. Jamais uma petição é recebida no trono da graça, exceto a que é apresentada por Ele, nem graciosamente concedida, a não ser por meio de Sua intercessão (Ap 8:3,4), nem uma resposta graciosamente dada, ou uma ordem emitida para alívio do pecador, exceto a que vem por meio de Sua mão. "E o Pai a ninguém julga, mas ao Filho confiou todo julgamento" (Jo 5:22). Quem, então, pode duvidar da necessidade por Ele declarada? E quem não deverá ver o aspecto amável que o Intercessor tem em seus assuntos ao declarar isso aos requerentes?

4. Ele é aquele que ouve a oração. Os anjos são chamados para adorá-lo (Hb 1:6). Estêvão, em seus momentos mais difíceis, quando estava mais próximo do Céu, orou a Ele (At 7:59). Uma clara evidência de que o Filho é o verdadeiro Deus, igual ao Pai, o Supremo, o Deus Altíssimo, pois está escrito: "Ao SENHOR, teu Deus, temerás; a Ele servirás, a Ele te chegarás e, pelo Seu nome, jurarás" (Dt 10:20). Compare: "Ao Senhor, teu Deus, adorarás, e só a Ele darás culto" (Mt 4:10). "E reconhecerão que só tu, cujo nome é SENHOR, és o Altíssimo sobre toda a terra" (Sl 83:18). E as Escrituras

condenam o servir a "deuses que, por natureza, não o são" (Gl 4:8). Portanto, Cristo é Deus por natureza, Deus verdadeiro, necessariamente existente, independente, Deus de si mesmo, embora não Filho de si mesmo. Sem dúvida, a essência divina sendo eternamente e necessariamente comunicada do Pai ao Filho, sendo o Pai, que a comunica, e o Filho, que a recebe, igualmente gloriosos. Sendo Ele, que fez esse alerta, o ouvinte da oração equivale a uma promessa de que as orações assim apresentadas certamente serão ouvidas rapidamente, como lemos em Isaías 45: "não disse à descendência de Jacó: Buscai-me em vão" (v.19).

II. A *segunda* coisa a ser considerada é o método do tribunal celestial: provar os requerentes com algumas dificuldades, durante a espera de seu processo. Aqui lhes darei: 1. Uma amostra desse método e 2. Algumas razões para esse método, a fim de explicar com adequação as perfeições divinas.

Primeiro. Uma amostra desse método em alguns detalhes. Embora o Senhor, às vezes, dê a Seu povo um esclarecimento muito rápido: "E será que, antes que clamem, eu responderei; estando eles ainda falando, eu os ouvirei" (Is 65:24). Ainda assim, é muito comum tentar de outra maneira.

1. Frequentemente, há um profundo silêncio vindo do trono (Mt 15:23), e mesmo quando o requerente está clamando com o maior fervor, e clamando incessantemente (Sl 22:1,2), e está a ponto de ser oprimido por falta de ajuda (Sl 143:7), ainda assim não há nenhuma voz a ser percebida,

nenhum movimento aparecendo em direção ao alívio do requerente.

2. Regularmente eles recebem uma resposta que demonstra irritação. A mulher cananeia recebeu algumas, uma depois da outra: "Mas Jesus respondeu: Não fui enviado senão às ovelhas perdidas da casa de Israel. [...] Não é bom tomar o pão dos filhos e lançá-lo aos cachorrinhos" (Mt 15:24,26). É muito comum para os requerentes do Céu ouvirem alguns trovões do Sinai quando estão no monte Sião. Eles chegam ao trono humildemente e com o coração pesaroso e partem com o coração mais pesaroso do que quando foram a ele. Assim, quando vão com suas petições ao trono da graça, são ensinados com um propósito, e muitas partes de seu coração e vida lhes são abertas, e eles voltam com o peito cheio de convicções (Jz 10:10-14).

3. Muitas vezes, ao ver o Rei no trono, eles vacilam, e sua voz falha, de modo que não conseguem expressar o que desejam (Sl 77:3,4). Muitas frases são incompletas em suas petições, porém, mesmo assim, são bem compreendidas no Céu, suas lacunas são preenchidas com gemidos inexprimíveis (Sl 6:3; Rm 8:26,27).

4. Com frequência, as expectativas são frustradas: "Espera-se a paz, e nada há de bom; o tempo da cura, e eis o terror" (Jr 8:15). A esperança pode ser aumentada e, no entanto, adiada, até que o coração fique doente. Essas decepções podem recair sobre o requerente continuamente: "De noite, do meu leito, busquei o amado de minha alma, busquei-o e não o achei. Levantar-me-ei, pois, e rodearei a cidade, pelas ruas e pelas praças; buscarei o amado de minha alma. Busquei-o e não o achei" (Ct 3:1,2). Se vocês

perguntarem quanto tempo a jornada deles pode durar, não conheço nenhum termo usado para designá-lo, exceto um, e esse é o suficiente para a fé: "Pois o necessitado não será para sempre esquecido, e a esperança dos aflitos não se há de frustrar perpetuamente" (Sl 9:18). E se vocês forem bater em outra porta que não a do Senhor, suas frustrações não terão fim.

5. Muitas vezes, procurando uma resposta, a providência conduz a um caminho aparentemente contrário ao de sua petição. Vemos isso cumprido: "Com tremendos feitos nos respondes em tua justiça, ó Deus, Salvador nosso" (Sl 65:5). E pode ser tão impressionante, a ponto de exigir muita fé para não tomar isso como a resposta final, como se Deus tivesse dito: "Não fale mais comigo sobre esse assunto". E ainda assim a roda da providência pode estar apenas buscando uma bússola para chegar ao ponto desejado. Assim, o espírito abatido dos israelitas foi soerguido em esperança: "E o povo creu; e, tendo ouvido que o SENHOR havia visitado os filhos de Israel e lhes vira a aflição, inclinaram-se e o adoraram" (Êx 4:31). Mas a primeira coisa que vem depois disso, é que eles estão numa condição pior do que nunca, sua escravidão é mais insuportável, o que fez a fé de Moisés vacilar: "Então, Moisés, tornando-se ao SENHOR, disse: Ó SENHOR, por que afligiste este povo? Por que me enviaste? Pois, desde que me apresentei a Faraó, para falar-lhe em teu nome, ele tem maltratado este povo; e tu, de nenhuma sorte, livraste o teu povo" (Êx 5:22,23).

6. Muitas vezes o Senhor, em vez de consolar o requerente, coloca novos fardos sobre ele: "Espera-se a paz, e nada há de bom; o tempo da cura, e eis o terror" (Jr 8:15). Em vez

de curar a velha ferida, novas feridas são abertas, de modo que, às vezes, as águas entram por todos os lados e envolvem a pobre alma. Mesmo assim, o Senhor, embora veja que é adequado conceder ao pecador um tal lampejo, pode não pensar que ele se afogaria com tudo isso: "Laços de morte me cercaram, e angústias do inferno se apoderaram de mim; caí em tribulação e tristeza" (Sl 116:3). "O Senhor vela pelos simples; achava-me prostrado e Ele me salvou" (Sl 116:6). "Eles me rodeiam como água, de contínuo; a um tempo me circundam" (Sl 88:17). Assim foi no caso de Jó.

Aplicação 1. Qualquer um de vocês que deseje apresentar com sucesso seus assuntos no tribunal celestial, nesta ocasião, seja resoluto em segurar a mão do Senhor e nunca esmorecer, até que tenha um resultado satisfatório. E:

Primeiro. Coloquem no coração o grande assunto da salvação, deixem que seja o seu assunto principal, a garantia de seu interesse salvador em Cristo, agora enquanto vocês têm esta ocasião solene tanto da palavra da aliança quanto do selo da aliança juntos, não sabendo se vocês poderão ter uma ocasião tão favorável novamente. O tempo passa, a morte avança rapidamente, é perigoso adiar. Se vocês permanecerem indiferentes nos assuntos, nunca perseverarão.

Segundo. Estabeleçam uma conclusão: vocês devem ter Cristo, ou perecerão. O aperto importuna os homens. Se vocês não sentirem isso, logo se cansarão e nunca levarão o assunto a um bom resultado. "Então, perguntou Jesus aos doze: Porventura, quereis também vós outros retirar-vos? Respondeu-lhe Simão Pedro: Senhor, para quem iremos? Tu tens as palavras da vida eterna" (Jo 6:67,68). O pecador perseverará à porta de Cristo quando vir todas as outras fechadas para ele.

Terceiro. Abracem a Cristo na grande promessa do evangelho, crendo na promessa, agarrando-se a ela, nunca se apartem dela. É oferecida a cada um de vocês: "Temamos, portanto, que, sendo-nos deixada a promessa de entrar no descanso de Deus, suceda parecer que algum de vós tenha falhado" (Hb 4:1). É o relato do Céu no qual devemos crer (Is 53:1). Sem fé não há como evitar o esmorecimento: "Eu creio que verei a bondade do Senhor na terra dos viventes" (Sl 27:13).

Quarto. Deem um adeus eterno ao mundo vão e às hostes enganosas, decidindo que, aconteça o que acontecer, vocês estarão firmes com Cristo na promessa, caso precisem morrer, dizendo com Jó: "Eis que me matará, já não tenho esperança; contudo, defenderei o meu procedimento" (Jó 13:15). Ninguém chega a Cristo de forma adequada, apenas aqueles que chegam resolutamente.

Por último. Não se apressem, mas decidam esperar com expectativa, não estabelecendo tempo para que o Senhor os conforte: "Aquele que crer não foge" (Is 28:16). "Sofrerei a ira do Senhor, porque pequei contra Ele, até que julgue a minha causa e execute o meu direito; Ele me tirará para a luz, e eu verei a Sua justiça" (Mq 7:9). Se a vida toda de vocês passar sem ser confortada, vale a pena aguardar pela paz e conforto que virão no final.

Aplicação 2. Não se surpreendam nem se ofendam com o método de Deus, embora suas palavras ao trono aparentemente encontrem dura receptividade. Pode parecer terem sido ignoradas a quem recebeu o golpe e teve que esperar, como a mulher cananeia em Mateus 15:21-28. A importunação da fé prevalecerá, isto é, a confiança contínua na promessa e a oração incessante até ser atendido.

Dar-lhes-ei algumas razões para esse método, por meio das quais o explicarei em uma adequação às perfeições divinas.

Primeiro. Esse método é seguido pelos requerentes no tribunal celestial, pois assim Deus é glorificado e Seus atributos são mais demonstrados do que de outra forma seriam. Nesta visão, Paulo o recebe em seu próprio caso, embora fosse difícil sentir: "Então, Ele me disse: A minha graça te basta, porque o poder se aperfeiçoa na fraqueza. De boa vontade, pois, mais me gloriarei nas fraquezas, para que sobre mim repouse o poder de Cristo" (2Co 12:9). Deus, tratando Seu povo assim, demonstra Sua sabedoria, ao guiar o navio quebrado em segurança, através de muitas pedras e plataformas, até a terra sem se partir, pois eles seriam levados a reconhecer que ninguém mais, a não ser Deus poderia tê-lo feito e, depois, declarariam: "Seu nome será Maravilhoso, Conselheiro..." (Is 9:6). Seu poder em apoiá-los sob uma pressão debaixo da qual, de outra forma, eles submergiriam: "Porque não queremos, irmãos, que ignoreis a natureza da tribulação que nos sobreveio na Ásia, porquanto foi acima das nossas forças, a ponto de desesperarmos até da própria vida. Contudo, já em nós mesmos, tivemos a sentença de morte, para que não confiemos em nós, e sim no Deus que ressuscita os mortos" (2Co 1:8,9). Como já mencionado (2Co 12:9), Sua graça, misericórdia e bondade, em intervenções oportunas, quando o pé deles está prestes a escorregar:

"Quando eu digo: resvala-me o pé, a tua benignidade, SENHOR, me sustém" (Sl 94:18).

Segundo. Nisso, é testada a situação dos requerentes e constituída uma clara diferença entre os hipócritas e os sinceros: "Aquele, porém, que perseverar até o fim, esse será salvo" (Mt 24:13). Os requerentes de Deus em geral são como o exército de Gideão: há muitos homens, mas poucos são merecedores de confiança (Jz 7). Então Deus os traz a essas águas de provação, e agora muitos deles devem estar fartos, ou eles esmorecem e não podem seguir adiante. Então eles são colocados, como os homens que se ajoelharam para beber: "Deleitar-se-á o perverso no Todo-Poderoso e invocará a Deus em todo o tempo?" (Jó 27:10). Outros estão dispostos a suportar as dificuldades, sem esmorecer, como os homens que lamberam a água, e eles são mantidos em condições de ter suas petições atendidas finalmente: "Não fará Deus justiça aos Seus escolhidos, que a Ele clamam dia e noite, embora pareça demorado em defendê-los?" (Lc 18:7).

Terceiro. Por meio disso, as graças dos requerentes que creem são testadas quanto à realidade e quanto ao poder delas, particularmente a fé e a paciência deles: "Nisso exultais, embora, no presente, por breve tempo, se necessário, sejais contristados por várias provações, para que, uma vez confirmado o valor da vossa fé, muito mais preciosa do que o ouro perecível, mesmo apurado por fogo, redunde em louvor, glória e honra na revelação de Jesus Cristo" (1Pe 1:6,7). "Bem-aventurado o homem que suporta, com perseverança, a provação; porque, depois de ter sido aprovado, receberá a coroa da vida, a qual o Senhor prometeu aos que o amam" (Tg 1:12). Nosso Senhor tem grande prazer na fé e na paciência de Seu povo e, portanto, Ele os coloca duramente nessas situações, como a mulher cananeia em Mateus 15, para que tenham a oportunidade de se esforçar vigorosamente. Às vezes, eles se deparam com um choque tão grande que naufragam. Logo há um fôlego secreto, e eles se levantam novamente e agem com mais vigor do que antes, como um gigante revigorado com vinho. "Então, eu disse: lançado estou de diante dos Teus olhos; tornarei, porventura, a ver o Teu santo templo?" (Jn 2:4). Assim, eles têm um benefício duplo: veem a realidade de sua fé e paciência melhor do que em uma calmaria, e a força delas mais do que poderiam ter esperado e, além disso, elas são mais do que esforços de habilidades naturais, pois têm como seu resultado nada mais do que rosas do deserto. "E não somente isto, mas também nos gloriamos nas próprias tribulações, sabendo que a tribulação produz perseverança; e a perseverança, experiência; e a experiência, esperança. Ora, a esperança não confunde, porque o amor de Deus é derramado em nosso coração pelo Espírito Santo, que nos foi outorgado" (Rm 5:3-5).

Quarto. Com isso, os que creem são humilhados e ensinados que possuem a graça gratuita. A exaltação da graça é o grande desígnio de todo o propósito do evangelho. Portanto, a fé é o ponto de inflexão nela, a questão fundamental para nós: "Essa é a razão por que provém da fé, para que seja segundo a graça, a fim de que seja firme a promessa para toda a descendência" (Rm 4:16). Portanto, esse método é usado na distribuição dos favores celestiais de acordo com ele: "Recordar-te-ás de todo o caminho pelo qual o SENHOR, teu Deus, te guiou no deserto estes quarenta anos, para te humilhar, para te provar, para saber o que estava no teu coração, se guardarias ou não os Seus mandamentos" (Dt 8:2). Aqueles que compram com seu dinheiro devem ser servidos imediatamente, mas os mendigos devem se contentar em esperar. Existem vestígios poderosos de um espírito legalista no melhor, demonstrado ao se exigir provisão para suas necessidades, com pouca noção de sua indignidade, e com disposição para se preocupar, caso não sejam atendidas rapidamente.

É preciso muito esforço para derrubar isso, esvaziar o homem de si mesmo e deixá-lo ver que Deus não lhe é devedor de nada, seja algo grande ou pequeno.

Quinto. Esta forma é considerada uma honra à palavra: "...magnificaste acima de tudo o teu nome e a tua palavra" (Sl 138:2). Existem muitos símbolos para o nome de Deus, mas a Bíblia é o principal. E não há uma dispensação da providência que engrandeça a Bíblia mais do que esta, inclusive é o que sustenta a cabeça e impede que o coração esmoreça neste caso: "Pois tudo quanto, outrora, foi escrito para o nosso ensino foi escrito, a fim de que, pela paciência e pela consolação das Escrituras, tenhamos esperança" (Rm 15:4). Esse tratamento no tribunal celestial envia o requerente aos autos, o que alegra seu coração, descobrindo que esse tem sido o modo antigo do tribunal. E num caminho deserto, não é pouco consolo ao viajante encontrar uma trilha e as pegadas de alguém antes dele. Isso o faz distinguir minuciosamente, entender avidamente uma palavra e descobrir um tesouro, onde por muitas vezes não viu nada quando o examinou anteriormente.

Por último. É necessário para fazê-los ansiar pelo lar. Os filhos de Deus estão neste mundo como jovens herdeiros que estão fora da pátria de seu Pai. Eles enviam suas cartas e lançam suas contas ao seu Pai. E enquanto são prontamente atendidos, a cada vez, eles vivem à vontade no país estranho e não estão ansiosos para voltar ao lar. Mas seu Pai os cura disso deixando-os escrever repetidamente, sem uma resposta, e deixando de pagar suas contas; assim, eles desejam estar em casa.

III. A *terceira* coisa a ser considerada é o dever dos requerentes de permanecer firmes e nunca esmorecer, seja o que for. Podemos ver isso nas seguintes situações:

1. Eles nunca devem retirar seu processo do tribunal celestial: "Senhor, para quem iremos? tu tens as palavras da vida eterna" (Jo 6:67,68). A ruína de Saul aconteceu quando ele, por Deus não lhe responder, foi em busca de uma feiticeira. A ruína dos israelitas incrédulos ocorreu quando ouviram falar dos gigantes de Canaã e que voltariam ao Egito outra vez (Nm 14:4). E é a ruína de muitos quando não encontram na religião o doce sabor que esperavam e pensam que, ao voltar para o mundo e suas luxúrias, serão atendidos mais rapidamente. Mas seja qual for a sua dor, você deve protestar que ela o assolará até o Senhor estender Sua própria mão curadora para que não haja busca pela cura em outro a não ser nele: "Os meus olhos choram, não cessam, e não há descanso, até que o Senhor atenda e veja lá do céu" (Lm 3:49,50).

2. Eles nunca devem desistir de orar, mas devem "orar sem cessar". Aqueles que oram em tempo de comunhão, e depois param gradualmente, desperdiçam todos os seus esforços e provam que são hipócritas: "Deleitar-se-á o

perverso no Todo-Poderoso e invocará a Deus em todo tempo?" (Jó 27:10). Satanás, às vezes, assedia as almas angustiadas para que desistam de orar sem cessar, pois o que são capazes de ver não lhes fará bem, e, por causa disso, Deus náos as ouvirá. Mas isso é um engano do inferno ao qual nunca se deve ceder. Não, mesmo se Deus continuasse a não lhes responder uma palavra. Não, mesmo que suas tentativas de orar pareçam servir para nada, exceto para lançar ira contra vocês, pois é a ordem de Deus que "os homens orem sempre". Há menos prejuízo em administrar mal a oração do que abandoná-la completamente, pois isso significa submeter-se passivamente à vontade de Satanás. E embora vocês possam estar confusos a ponto de tomar os sussurros do diabo como a voz que fala em seu interior, Deus distinguirá cuidadosamente essas duas vozes e não os responsabilizará por algo que os torna puramente sofredores. E continuando a orar, vocês permanecem no caminho do dever, e podem esperar que Deus os ouvirá e finalmente se compadecerá.

3. Os requerentes devem insistir em suas petições, enquanto houver necessidade, em qualquer situação que pareçam se encontrar, como fez a mulher cananeia em Mateus 15. Se não insistirem, serão interpretados como tendo desistido. Mas a importunação crescerá a longo do tempo: "...digo-vos que, se não se levantar para dar-lhos por ser seu amigo, todavia, o fará por causa da importunação e lhe dará tudo o de que tiver necessidade" (Lc 11:8). E, de fato, é necessário continuar a importunar, pois o requerente, desistindo de seu clamor por provisão, esmorece como testemunha.

Questão

Mas será que o Senhor não pode dizer: Não fale mais comigo sobre esse assunto?

Resposta

É verdade, isso pode acontecer, e o Senhor agiu dessa maneira com Moisés: "Porém o Senhor indignou-se muito contra mim, por vossa causa, e não me ouviu; antes, me disse: Basta! Não me fales mais nisto" (Dt 3:26). Mas, quanto a isso, penso: a) O Senhor mostra a Seu povo que eles não precisam daquilo, que o que eles têm basta, ou têm muito, ou é o suficiente. E para acalmar Moisés nessa questão, Deus lhe deu uma visão da terra de Pisga (v.27). b) A ajuda do Espírito para orar nesse particular é retirada. Há um embargo imposto a eles em relação a isso: "Não me fales mais nisto".

4. Eles devem levar todas as necessidades que lhes sobrevêm em novas petições ao mesmo trono da graça onde o pedido anterior pode estar há muito tempo ainda sem resposta e assim prosseguirem juntos. A última petição não deve excluir a anterior, nem a anterior deter a última. Esta é uma das maneiras como o Senhor sustém Seu povo firme em Suas mãos sem esmorecer: envia-lhes vários carregamentos extras além de seus fardos, cujo peso Ele os retira logo após suas petições, e assim os faz suportar seu fardo com mais facilidade. Essas intercorrências que obtêm uma resposta rápida confirmam a fé e a esperança no aguardo da resposta da petição principal. Acredito que será constatado que os filhos do Senhor que tiveram o processo mais longo diante do trono não precisavam receber uma resposta muito

rápida à época: "E será que, antes que clamem, eu responderei; estando eles ainda falando, eu os ouvirei" (Is 65:24).

5. Eles devem continuar na fé da promessa, nunca se apartar dela, mas confiar e crer que com certeza será consumada, embora as rodas da providência pareçam passar repetidamente por cima dela: "E [Abraão] sem enfraquecer na fé, embora levasse em conta o seu próprio corpo amortecido, sendo já de cem anos, e a idade avançada de Sara, não duvidou, por incredulidade, da promessa de Deus; mas, pela fé, se fortaleceu, dando glória a Deus" (Rm 4:19,20). A providência não é a nossa Bíblia. As obras de Deus podem ser muito variadas, mas a palavra da promessa é sempre a mesma, nunca é alterada. Temos uma passagem muito poética no Salmo 18:7 e nos versículos subsequentes. Creio que provém da visão de que, mesmo que todas as confusões do Universo não pudessem mover a promessa, ainda se colinas, terra, fogo, águas, céus, estivessem diante dela para dificultar sua realização, tudo seria deslocado de seus lugares para abrir caminho aos Seus intentos.

6. Eles devem manter a esperança no que foi prometido mesmo à vista de todas as improbabilidades: "Por isso, cingindo o vosso entendimento, sede sóbrios e esperai inteiramente na graça que vos está sendo trazida na revelação de Jesus Cristo" (1Pe 1:13). A fé, abrindo a porta da promessa, permite que a esperança veja a bendita resposta ao pedido que está nas mãos do Rei, não importa o quanto demore antes de ser transmitida. Isso é muito agradável a Deus: "Agrada-se o SENHOR dos que o temem e dos que esperam na Sua misericórdia" (Sl 147:11).

7. Se a qualquer momento começarem a esmorecer, devem lutar contra isso, para que não se afastem totalmente:

"Não abandoneis, portanto, a vossa confiança; ela tem grande galardão" (Hb 10:35). Se a fé e a esperança falharem, o mesmo acontecerá com a paciência. Mas vocês devem se desafiar a crer além dos sentidos e esperar contra a esperança.

APLICAÇÃO. Cristãos, comungantes e qualquer um de vocês que queira que seu assunto vá diretamente ao Céu, saiam deste lugar decididos a se firmar na mão do Senhor e jamais esmorecer, seja qual for a sua situação ou o que encontrarão naquela direção. Tenham horror a esmorecer, desistir ou retornar à outra porta. Considerem:

1. Se você esmorecer e desistir, sua causa estará perdida por conta de sua desistência.

Primeiro. Se sua demanda prioritária for o bem-estar eterno da sua alma, que é o que todos fingimos ser, a sua alma está perdida: "Se retroceder, nele não se compraz a minha alma" (Hb 10:38). Sejam resolutos na religião; agindo assim, jamais se perderão eternamente, porque os valentes que enfrentam as dificuldades no caminho, e as superam, chegarão ao Céu. A palavra que encontramos em Apocalipse é preocupante: "Quanto, porém, aos covardes, aos incrédulos [...] a parte que lhes cabe será no lago que arde com fogo e enxofre, a saber, a segunda morte" (21:8). Creio que aqui se reflete o medo e a incredulidade que manteve os israelitas fora de Canaã (Nm 13:33–14).

Segundo. Se sua causa for uma misericórdia temporal, você poderá obtê-la, mas é essencial que ao menos se arrependa de seu esmorecimento: "Concedeu-lhes o que pediram, mas fez definhar-lhes a alma" (Sl 106:15).

2. Se você permanecer firme e não esmorecer, mesmo que a espera seja longa, não será em vão: "Aquele, porém, que perseverar até o fim, esse será salvo" (Mt 24:13). "E não nos cansemos de fazer o bem, porque a seu tempo ceifaremos, se não desfalecermos" (Gl 6:9). Deus nunca apartará de si aqueles que permanecem firmes; eles não ficarão sem a Sua bênção.

3. É recompensador esperar por Ele. a) Embora esteja infinitamente acima de nós, Ele esperou muito por nós. b) Quanto mais formos convocados a esperar por uma misericórdia, mais a valorizaremos quando chegar. Quando a promessa dura por mais tempo, maior é a misericórdia, é testemunha da promessa de Cristo, enquanto muitas outras promessas menores são recebidas. c) Seu tempo será o tempo da ceifa (Gl 6:9). Observem isso com o exemplo do nascimento de Isaque, o melhor momento escolhido à chegada da misericórdia. d) Enquanto esperam, confiem que receberão algumas bênçãos adjacentes: "Espera pelo Senhor, tem bom ânimo, e fortifique-se o teu coração; espera, pois, pelo Senhor" (Sl 27:14). "No dia em que eu clamei, tu me acudiste e alentaste a força de minha alma" (Sl 138:3). Vocês podem ter certeza de que a promessa solene receberá uma boa resposta (Jr 52:31,32).

4. *Por último.* Eles esperaram por muito tempo, a ponto de perder tudo por não terem paciência para esperar um pouco mais (Êx 32; 1Sm 13:8,10). Portanto, "Ora, a perseverança deve ter ação completa, para que sejais perfeitos e íntegros, em nada deficientes" (Tg 1:4), "porque a seu tempo ceifaremos, se não desfalecermos" (Gl 6:9).[12]

---

[12] Esta seleção é extraída de Samuel M'Millan, ed., *Todas as obras do falecido Reverendo Thomas Boston de Ettrick; primeira edição reimpressa sem resumo; incluindo suas memórias, escritas por ele mesmo. Vol.*

REQUERENTES ENCORAJADOS NO TRIBUNAL CELESTIAL; OU O FELIZ TEMA DE ORAR SEMPRE E NÃO ESMORECER

Dois sermões pregados, em uma ocasião sacramental, em Galashiels, 12 e 13 de agosto de 1727.

Digo-vos que, depressa, lhes fará justiça.
—Lucas 18:8

Recentemente, falei sobre o âmbito de aplicação da parábola do juiz iníquo a partir do versículo 1. A parábola em si abrange os vv.2-5; sua doutrina, vv.6,7.

Nesse texto temos a doutrina repetida, ampliada e confirmada.

1. Repete-se aqui o item doutrinário da parábola: "lhes fará justiça". Nosso Senhor já tinha colocado isso diante de Seus discípulos em termos bem claros, pois muita coisa depende de se crer particularmente nisto: "...que a ele [clamem] dia e noite" (v.7) — todo dia — Deus, por fim,

certamente os ouvirá. Portanto, eles devem firmar-se em Suas mãos clamando, sem esmorecer.

Primeiro. Considere as partes às quais se garante esse benefício: *eles*. Refere-se ao versículo 7, portanto as partes são os que "a ele clamam dia e noite", e já expliquei o que isso significa, o objetivo que subsiste: "orar sempre e nunca esmorecer". Assim, aqueles que, tendo feito petições para suprir suas necessidades perante o Senhor, perseverarem e insistirem sem esmorecer e desistir têm a certeza do bom resultado de seu processo, por mais cansativo que isso tenha sido. Essa é uma boa notícia para os requerentes no tribunal celestial, embora a resposta deles possa ter demorado tanto, e ter parecido que nunca seriam ouvidos. Essa experiência pode fazê-los renovar seu clamor e prosseguir como um gigante revigorado com vinho.

Objeção. Mas isso é expressamente restrito aos *eleitos*; portanto, ainda que eu nunca o busque demoradamente, talvez eu nem seja um dos eleitos de Deus e, por esse motivo, não posso receber encorajamento através disso.

Resposta. O objetivo da parábola visa indefinidamente os homens: eles devem "orar sempre e nunca esmorecer" (v.1). E o termo *eleito* não é uma restrição dos que clamam para serem ouvidos, como se houvesse alguns que clamam dia e noite a Deus que são eleitos, e outros que clamam noite e dia a Ele, e não são os eleitos. Não, mas o clamor dos eleitos dia e noite, no sentido do texto, é proposto como uma evidência da eleição eterna. Infere-se do clamor deles que esses são os *eleitos* e que por tal motivo certamente serão ouvidos todo dia. Se o juiz iníquo ouviu uma mulher por quem ele não tinha nenhuma consideração porque ela o importunava continuamente, quanto mais o Deus justo ouvirá aqueles que vêm continuamente a Ele, uma vez que são certamente Seus escolhidos, do contrário tais pessoas com certeza desistiriam e bateriam em outra porta.

Segundo. Ele garante que "lhes fará justiça", isto é, de acordo com o escopo geral, Ele os ouvirá demoradamente, para que fiquem plenamente satisfeitos. O processo deles terá um final feliz, embora Ele declare que "lhes fará justiça", para que a anunciem: a) Que todas as acusações que os filhos de Deus suportam, e que os fazem clamar a Ele por alívio, surgem de seus adversários, temporais ou espirituais, exteriores ou interiores. b) Que eles não são capazes de se livrar de seus adversários, mas devem lutar, com seus fardos, até que outra mão os remova. c) Que Deus não apenas os livrará, mas lhes mostrará justa vingança nas fontes de suas acusações.

2. A doutrina ampliada da parábola: "Digo-vos que, depressa, lhes fará justiça". Embora pensem que terão de esperar muito, os motivos estão sendo pesados com justiça e eles terão uma resposta rápida às suas orações.

3. A confirmação do todo, Cristo, o nosso Senhor, empenha a Sua palavra: "Digo-vos".

Conclui-se do primeiro versículo a doutrina de que o nosso Senhor Jesus Cristo anunciou gentilmente a todos os que têm assuntos no tribunal celestial a necessidade de cada um de apresentá-los por si mesmo para continuarem firmes e nunca esmorecerem, seja qual for a situação encontrada durante a subordinação de seu processo. E, em busca do mesmo objetivo, do versículo 8 comparado ao primeiro, observo o seguinte:

DOUTRINA. Para motivar os que têm assuntos no tribunal celestial a permanecerem firmes e nunca esmorecerem, sejam quais forem as dificuldades que enfrentarem durante a subordinação de seu processo, nosso Senhor Jesus sugeriu expressamente que os desejos do coração de tais requerentes certamente serão ouvidos, e, na verdade, com prontidão, por mais longo que os seus processos possam lhes parecer no momento. Em suma, Jesus Cristo empenhou Sua palavra a esse respeito. Os requerentes no tribunal celestial que persistirem e nunca esmorecerem, certamente serão ouvidos como desejam, e sem demora.

Ao lidar com essa doutrina, mostrarei:

I. Que tratamento é esse que os requerentes recebem no tribunal celestial, sob o qual correrão o risco de esmorecer?

II. Por que correm o risco de esmorecer com tal tratamento no tribunal celestial?

III. Qual o motivo de o Senhor conceder tal tratamento a qualquer um de Seus requerentes?

IV. Qual a importância dessa sugestão feita para esse fim?

V. A certeza de que tais requerentes serão finalmente ouvidos.

VI. Que eles serão ouvidos como desejam.

VII. De que maneira isso será rápido, apesar da longa espera.

I. *Primeiro*, mostrarei qual é o tratamento que os requerentes podem vir a receber no tribunal celestial, sob o qual eles correrão o risco de esmorecer. Mencionei vários detalhes em outra ocasião e agora ofereço, em geral, apenas três coisas:

1. O peso e pressão próprios de seu pesado caso, seja qual for, podem perdurar por muito tempo, não obstante de todos os seus pedidos por ajuda: "Passou a sega, findou o verão, e nós não estamos salvos" (Jr 8:20). Eles podem ir continuamente ao trono da graça com seu fardo nas costas e com a mesma frequência carregá-lo de volta consigo. E isso é uma tarefa desanimadora. Uma provação curta, embora contundente, que significa apenas "correr com os homens que vão a pé", mas a provação mais duradoura é "competir com os que vão a cavalo", aptos a perder o fôlego. "Também a minha alma está profundamente perturbada; mas tu, Senhor, até quando?" (Sl 6:3).

2. Talvez aparente não haver consolo: "Já não vemos os nossos símbolos; já não há profeta; nem, entre nós, quem saiba até quando" (Sl 74:9). Um vislumbre de uma aparência de consolo, embora ainda distante, seria como sinal de cordialidade aos servos cansados, ainda que a noite deles possa ter sido longa e escura, e nenhum sinal de raiar do dia tenha sido percebido. Os requerentes tendem a esmorecer, pois, embora escutem com frequência, não conseguem ouvir nenhuma voz. Embora olhem frequentemente para o trono, não podem discernir nenhum movimento em direção a seu consolo: "Desfalecem-me os olhos à espera da tua salvação e da promessa da tua justiça" (Sl 119:123).

3. Podem sobrevir fardos inesperados sobre eles, como um peso além de seu fardo: "Pois perseguem a quem tu feriste e acrescentam dores àquele a quem golpeaste" (Sl 69:26). São como gotas derramadas numa xícara cheia, prontas para transbordá-la, como toques que provocam dor numa perna quebrada, causando facilmente os desmaios.

II. A *segunda* coisa a ser discutida é por que os requerentes correm o risco de esmorecer com tal tratamento no tribunal celestial. Quatro coisas concorrem para isso:

1. A fraqueza natural: "Toda carne é erva, e toda a sua glória, como a flor da erva..." (Is 40:6). Exatamente sob essa visão, o Senhor "se compadece de seus filhos" (Sl 103:13). Temos costas fracas, que facilmente se curvam com fardos pesados (Sl 38:6); corações fracos, que logo amortecem, em que o próprio Deus mostra o nosso envolvimento; cabeças fracas, que logo acabam com nosso juízo; mãos fracas, que pouco podem fazer por nós em caso de dificuldades, e joelhos fracos, prontos a se dobrarem e nos levarem ao chão, depois de muito esperar.

2. A consciência da culpa: "Tornam-se infectas e purulentas as minhas chagas, por causa da minha loucura. Sinto-me encurvado e sobremodo abatido, ando de luto o dia todo" (Sl 38:5,6). A culpa é a mãe dos medos, e os medos causam esmorecimento. O pecador vai a Deus com sua dificuldade e não recebe a resposta. Nesse momento, percebe-se uma luta, o homem reconhece que é criminoso, e a consciência culpada sussurra em seu ouvido: "Não há esperança".

3. A falta de conhecimento sobre os métodos de soberania: "Pelo mar foi o teu caminho; as tuas veredas, pelas

grandes águas; e não se descobrem os teus vestígios" (Sl 77:19). Os mistérios da administração da providência têm causado perplexidade aos santos de primeira grandeza, como Asafe, Jeremias etc. Somos aptos para medir os caminhos de Deus pelos nossos próprios, causando muitos esmorecimentos nas provações, ao passo que tais caminhos diferem tanto quanto o Céu da Terra (Is 55:8,9).

4. Uma forte tendência à incredulidade e ao caminhar "pelo que vemos" (2Co 5:7), totalmente contrário ao nosso dever e interesse. Temos a propensão de nos impressionarmos mais com o que vemos e sentimos na providência divina do que com o que ouvimos da Palavra. E considerando que devemos explicar a providência pela promessa, tendo a Palavra como a nossa regra e obtendo dela o estímulo, interpretamos a promessa pela providência divina e, portanto, colocamo-nos sob o risco de esmorecer: "...e como os principais sacerdotes e as nossas autoridades o entregaram para ser condenado à morte e o crucificaram. Ora, nós esperávamos que fosse ele quem havia de redimir a Israel; mas, depois de tudo isto, é já este o terceiro dia desde que tais coisas sucederam. [...] Então, lhes disse Jesus: Ó néscios e tardos de coração para crer tudo o que os profetas disseram! Porventura, não convinha que o Cristo padecesse e entrasse na Sua glória?" (Lc 24:20,21,25,26).

III. A *terceira* coisa a ser considerada é que o Senhor concede tal tratamento a qualquer um de Seus requerentes.

Primeiro. Negativamente.

1. Não é por mera vontade e prazer. Satanás estará pronto para sugerir que seja isso e apresentar o seu posicionamento

com questões como: Para que serve toda essa demora? Que glória Deus recebe através disso? Qual o benefício que vocês recebem? Mesmo as pessoas boas podem dar ouvidos excessivos a tais questionamentos de Satanás. Mas é mentira que isso se origine da mera vontade e prazer: "porque não aflige, nem entristece de bom grado os filhos dos homens" (Lm 3:33).

2. Não é porque Ele não tem piedade de vocês nem se preocupa por seu fardo, embora Sião, por sugestão de Satanás, possa nutrir esse ciúme de seu Deus, que Ele categoricamente recusa: "Mas Sião diz: O SENHOR me desamparou, o SENHOR se esqueceu de mim. Acaso, pode uma mulher esquecer-se do filho que ainda mama, de sorte que não se compadeça do filho do seu ventre? Mas ainda que esta viesse a se esquecer dele, eu, todavia, não me esquecerei de ti" (Is 49:14,15). Qualquer que seja o caminho do Senhor para com vocês, é uma verdade eterna das Escrituras: "Deus é amor..." (1Jo 4:16), "...benigno e misericordioso é o SENHOR" (Sl 111:4). E neste caso torna-se evidente que não é pior com vocês, e que estão sempre recebendo novas forças para carregarem seus fardos (Lm 3:22,23).

3. Isso não significa que devam desistir, não mais incomodá-lo com sua petição, como o apressado coração incrédulo está disposto a fazer, e abandonar o dever porque não há uma aparência sensata de sucesso: "Quando pensei: não me lembrarei dele e já não falarei no Seu nome..." (Jr 20:9). Ele expressou que a Sua vontade é exatamente o contrário: "Orai sem cessar" (1Ts 5:17), e nosso Senhor contou essa parábola para evitar essa incorreta interpretação.

4. De qualquer maneira, não é porque Ele está determinado a não os ouvir, não importa o quando clamarem.

Satanás é que interpreta assim para vocês, e dá-se atenção demais ao posicionamento dele: "Até quando, Senhor, clamarei eu, e tu não me escutarás? Gritar-te-ei: Violência! E não salvarás?" (Hc 1:2). O nosso Senhor prometeu o contrário: Ele lhes garante o contrário neste texto: "...invoca-me no dia da angústia; eu te livrarei, e tu me glorificarás" (Sl 50:15).

Segundo. Mas positivamente, em geral.

É para fins santos e sábios; é necessário para a Sua glória e para o seu caso. Acreditem com base na Palavra: "Eis a Rocha! Suas obras são perfeitas, porque todos os Seus caminhos são juízo; Deus é fidelidade, e não há nele injustiça; é justo e reto" (Dt 32:4). Não há um passo aleatório em todo o Seu caminho (Lm 3:33). Há um propósito no que Ele faz.

Objeção. Não consigo ver como o meu processo precisa disso, ou que glória Deus pode ter com isso.

Resposta. Vocês não são juízes competentes para saber do que seu caso precisa, e, portanto, devem deixar isso para o Senhor: "Escolheu-nos a nossa herança..." (Sl 47:4). "Eu sei, ó Senhor, que não cabe ao homem determinar o seu caminho, nem ao que caminha o dirigir os seus passos" (Jr 10:23). Se vocês estão doentes, deixam para o médico orientar o seu caso; se seus assuntos estão confusos, e vocês têm um argumento jurídico, deixam para seu advogado; e quando têm um processo no tribunal celestial, não vão deixá-lo para o seu Deus?

Vocês são como juízes pouco competentes para julgar a glória que Deus pode ter por essa ou aquela maneira de agir. Deus pode criar glória para si mesmo onde vocês nada podem ver senão desonra para Ele. E o Senhor receberá honra: "Porque [...] para Ele são todas as coisas..." (Rm 11:36). Creiam nisso e deixem a Ele a forma de recebê-la. A semente da glória de Deus na provação de Jó, nem este nem seus amigos a viram durante muito tempo, no entanto, ela surgiu e floresce até os dias de hoje.

Mas particularmente:

1. É para honra do homem Cristo. Contribui para isso:

Primeiro. Nesse sentido, no que se refere à parte sofredora, os peticionários estão em conformidade à Sua imagem. Ele experimentou esse tratamento no trono: "Deus meu, Deus meu, por que me desamparaste? Por que se acham longe de minha salvação as palavras de meu bramido? Deus meu, clamo de dia, e não me respondes; também de noite, porém não tenho sossego" (Sl 22:1,2). E como recompensa por Ele o suportar, é designado que esse deve ser o caminho do tribunal para sempre. E, portanto, nenhum dos filhos de Deus deve deixar de compartilhá-lo, em maior ou menor medida, cedo ou tarde: "Porquanto aos que de antemão conheceu, também os predestinou para serem conformes à imagem de Seu Filho..." (Rm 8:29).

Segundo. Desse modo, Ele tem mais empenho como o grande Intercessor e se aplica mais seriamente do que se não o fosse. Súplicas prolongadas causam muito alvoroço para os defensores. E longos processos no tribunal celestial trazem ao Mediador muitos assuntos e muitas honras.

Terceiro. Proporciona-lhe a ocasião mais notável de mostrar Seu poder no combate e confundir a velha serpente, depois da oportunidade que Ele teve na cruz: "Então, Ele me disse: A minha graça te basta, porque o poder se aperfeiçoa na fraqueza. De boa vontade, pois, mais me gloriarei nas fraquezas, para que sobre mim repouse o poder de Cristo" (2Co 12:9). Aqui Satanás e uma criatura fraca estão unidas, o Céu parado e observando. A pobre criatura que carrega um fardo nas costas, clama: "Senhor, retira-o" e clama de novo, mas sem resposta. Satanás se aproveita, age contra ele para fazê-lo esmorecer, mas o combate é mantido, e Satanás é confundido pelo apoio secreto que Jesus transmite ao pecador.

2. Para mostrar quem será ouvido e quem não será? Quem tem o devido merecimento para a misericórdia requerida e o Deus em cujas mãos ela está? Israel vagou no deserto até que todos os que desprezaram a terra aprazível e os incrédulos da Palavra caíram, e Calebe e Josué, que seguiam plenamente ao Senhor, foram comissionados. Os esmorecidos requerentes ou desprezam a misericórdia abandonando-a, ou desprezam o próprio Deus, levando o processo deles para outro.

3. Para ampliar a promessa. Satanás, durante o estado de inocência humana, concentrou sua principal força contra a ameaça, para com isso abalar a fé do homem. Agora ele concentra sua força principal contra a promessa, para fazer os pobres pecadores desistirem de cumpri-la. Nesse caso, há uma luta solene a esse respeito: a fé se mantém, e o diabo se aparta. O crente em Cristo percebe que, se desistir, ele sai de cena, fica tudo para o diabo, portanto, embora as enchentes transbordem, o fiel se esforça para não esmorecer.

4. Para manter a misericórdia, até esse tempo chegar, que, tendo tudo considerado, será o momento absolutamente melhor de tê-la concedido: "Então, Jesus lhes disse claramente: Lázaro morreu; e por vossa causa me alegro de

que lá não estivesse, para que possais crer; mas vamos ter com ele" (Jo 11:14,15).

Aplicação 1. Saiba, então, que a gestão leviana e descuidada não serve no tribunal celestial. Ela deve estar profundamente empenhada, decidida a não aceitar uma palavra negativa. Sejam sinceros, preparem-se e continuem vigorosamente em vossos processos.

2. Isso pode encorajar pecadores a virem a Cristo e a colocarem as suas causas em Suas mãos e se firmarem. Especialmente, os que se afastam e quem quer que estiver pressagiando que nada de bom vindo dele virá para si, que sejam encorajados por esta doutrina.

IV. A *quarta* coisa a ser falada é: Qual é a importância dessa intimação feita para tal fim? Importa:

1. Que os pecadores estejam dispostos a aceitar os adiamentos no tribunal celestial por causa das contestações. Satanás e o coração incrédulo deles lhes dizem que isso ocorrerá. No entanto, em oposição a isso, e para evitar o erro, nosso Senhor dá expressamente a Sua palavra de que não é assim.

2. Que essa importunação, persistência resoluta e repetidos pedidos para a provisão da mesma necessidade são muito bem-vindos e aceitáveis para Cristo e Seu Pai. Não há receio de excesso aqui. Quanto mais vezes vocês vierem, mais decididos estiverem em sua perseverança, mais bem-vindos serão. O Intercessor não se cansará de vocês colocarem suas petições em Suas mãos, nem Seu Pai de tirá-las das mãos dele.

3. Que para que alguém persista sem esmorecer é necessário crer que será minuciosamente ouvido: "Eu creio que verei a bondade do SENHOR na terra dos viventes" (Sl 27:13). Os requerentes indiferentes, se são ouvidos ou não, podem continuar com suas orações costumeiras sem crer que serão ouvidos, mas, se os homens forem profundamente fervorosos em suas petições, nunca esmorecerão sem fé (Rm 4:18-20).

4. Que, por mais que se tenha de aguardar, vale muito a pena esperar a audiência ser finalmente realizada no tribunal celestial. Tal espera contrabalançará todo o cansaço do processo, que é mantido por mais tempo em dependência. E deve-se manter essa fé para evitar que o requerente esmoreça.

V. Que a *quinta* coisa no método seja a certeza de que tais requerentes serão detalhadamente ouvidos. Aqui é necessário repetir o que foi dito sobre o dever de permanecer firme e não esmorecer, para que possamos ver quem são esses peticionários.[13] Agora que tais requerentes serão ouvidos, está além da dúvida, por muito tempo que tenham esperado, se considerarmos:

1. Certamente, eles são os próprios filhos de Deus, crentes eleitos, o que quer que pensem de si mesmos: "Não fará Deus justiça aos Seus escolhidos, que a Ele clamam dia e noite, embora pareça demorado em defendê-los?" (Lc 18:7). Se eles não o fossem, nunca poderiam receber tal tratamento das mãos de Deus e, ainda assim, perseverar: "O escravo não fica sempre na casa; o filho, sim, para sempre" (Jo 8:35). E Deus não ouvirá os clamores de Seus próprios filhos sem

---

[13] O que o autor repetiu aqui é para ser encontrado sob o título 3 dos sermões em Lucas 18:1 acima.

demora? Certamente que Ele ouvirá. A similaridade inicial com seu irmão mais velho deve ser completa: "Fiel é esta palavra: Se já morremos com Ele, também viveremos com Ele; se perseveramos, também com Ele reinaremos..." (2 Timóteo 2:11,12).

2. A natureza, o nome e a promessa de Deus se unem para assegurar que Ele é bom e gracioso em Sua natureza (Êx 34:6-9). Ele tem entranhas de misericórdia mais ternas do que a mãe pelo seu filho que ainda mama (Is 49:15). Ele é o ouvinte da oração (Sl 65:2), e Ele não responderá a essa parte de Seu nome? Ele não ouvirá Seus próprios filhos e os ouvirá depois de terem clamado muito e ainda continuarem a clamar? Ele se comprometeu pela promessa: "...invoca-me no dia da angústia; eu te livrarei, e tu me glorificarás" (Sl 50:15). "...atendeu à oração do desamparado e não lhe desdenhou as preces" (Sl 102:17). E Ele não cumprirá esta Sua promessa?

3. Essas orações são o produto de Seu próprio Espírito neles e, portanto, Ele não pode deixar de ouvi-las: "Muito pode, por sua eficácia, a súplica do justo" (Tg 5:16). Vocês dizem que clamaram por muito tempo e não obtiveram resposta. E, por isso, suas petições parecem ser o produto da natureza, não do Espírito de Deus. Mas eu digo, de acordo com a Palavra: vocês têm clamado por tanto tempo sem resposta e, ainda assim, continuam clamando e não esmoreceram nem desistiram, mas permanecem firmes. Sendo assim, sua petição não é produto da natureza, mas do Espírito. Pois a natureza da oração é uma fonte que secará em uma longa estiagem, mas o Espírito de oração é a fonte duradoura (Jo 4:14). Se vocês estiverem fortalecidos para perseverar e não esmorecer, é sinal de que a mão do Céu os está ajudando,

como ocorreu com Davi: "No dia em que eu clamei, tu me acudiste e alentaste a força de minha alma" (Sl 138:3).

4. Nosso Senhor Jesus empenhou Sua palavra nisso, e assim comprometeu Sua honra para que eles sejam ouvidos: "Digo-vos que, depressa, lhes fará justiça". Agora, Ele é o Intercessor no tribunal celestial, e Sua intercessão nunca é impedida. Então, a honra do Mediador e de Seu povo sendo ouvido estão em uma base que podem afundar ou podem nadar juntos, e Ele pode garantir a Sua própria honra. E isso não garante que vocês sejam ouvidos? Prossigo em mostrar:

VI. *Sexto.* De que forma eles serão ouvidos como desejam:

1. Eles finalmente verão que suas orações foram aceitas. Não digo que finalmente serão aceitas, mas que eles verão que foram. Muitos não podem pensar que essas orações são aceitas e que demoram a serem respondidas. Mas isso é um erro, pois as petições daqueles que permanecem firmes e não esmorecem, que procedem dessa disposição, são aceitas instantaneamente, embora muitos anos venham a se passar antes que recebam a resposta: "E esta é a confiança que temos para com Ele: que, se pedirmos alguma coisa segundo a Sua vontade, Ele nos ouve" (1Jo 5:14). Com as petições de Seus filhos que enfrentam lutas, Deus age como um pai que recebe as cartas de seu filho num país distante. Ele as lê com prazer e afeição sempre que chegam a Sua mão e as deixa ao lado para serem todas respondidas no momento mais conveniente: "*Então*, lhe disse Jesus: Ó mulher, grande é a tua fé! Faça-se contigo como queres" (Mt 15:28).

2. Eles receberão uma resposta às suas petições para a satisfação de seus corações (Mt 15:28), como citado anteriormente. "Pois o necessitado não será para sempre esquecido, e a esperança dos aflitos não se há de frustrar perpetuamente" (Sl 9:18). Deus lhes dirá de acordo com a promessa em resposta às suas orações para que mudem o tom da sua luta e digam: "Amo o SENHOR, porque Ele ouve a minha voz e as minhas súplicas" (Sl 116:1), e vejam o que eles conseguiram como tendo a assinatura da mão do Deus que ouve orações. O fardo deles será retirado e terão suas petições como desejarem: "Então, Ele me disse: A minha graça te basta, porque o poder se aperfeiçoa na fraqueza" (2Co 12:9).

3. Eles ficarão totalmente satisfeitos quanto à longa demora e a todas as etapas do procedimento, por mais desconcertantes que tenham sido anteriormente: "...e entoavam o cântico de Moisés, servo de Deus, e o cântico do Cordeiro, dizendo: Grandes e admiráveis são as tuas obras, Senhor Deus, Todo-Poderoso! Justos e verdadeiros são os teus caminhos, ó Rei das nações!" (Ap 15:3). Em pé à beira da praia e olhando para trás para o que passaram, dirão: "Ele fez todas as coisas muito bem", e constatarão que nada disso poderia estar faltando.

4. Eles a obterão de acordo com o tempo que esperaram e as adversidades que suportaram durante a espera do processo. Quanto mais tempo o fruto da promessa amadurece, maior e consistente se torna. Abraão e Sara esperaram pelo filho prometido até chegarem à velhice, próximo à morte, mas com isso tiveram um acréscimo da renovação de suas forças (Gn 18:11; 21:7; 25:1).

5. Os inimigos espirituais que vieram poderosamente sobre eles em tempos de trevas serão dispersados no surgimento desta luz: "Os que antes eram fartos hoje se alugam por pão, mas os que andavam famintos não sofrem mais fome; até a estéril tem sete filhos, e a que tinha muitos filhos perde o vigor" (1Sm 2:5). O exército de Faraó foi formidável enquanto os israelitas tinham o mar Vermelho diante deles, mas, quando eles atravessaram o mar, viram os egípcios mortos na praia (Êx 14:30). Tal visão de Satanás e todas as suas hordas terão aqueles que esperam sem esmorecer. Prossigo em mostrar:

VII. *Sétimo*. Como será rápida, apesar da longa demora.

1. Será rápida no que diz respeito ao peso e valor quando chegar, para que o fiel olhando para a resposta à sua petição, percebendo com olhos de fé o valor dela, possa ter certeza de que ela virá logo. Essa é a visão que o apóstolo tem: "Porque a nossa leve e momentânea tribulação produz para nós eterno peso de glória, acima de toda comparação..." (2Co 4:17). E assim diz Zofar: "Pois te esquecerás dos teus sofrimentos e deles só terás lembranças como de águas que passaram" (Jó 11:16).

2. Chegará no momento mais oportuno possível (Gl 6:9), virá da melhor maneira para a honra de Deus e o bem deles. E o que vem na melhor época, vem rapidamente. Há tempo para todas as coisas. Então, a pressa dos tolos não é a velocidade. Os tempos e as estações estão nas mãos do Senhor, e todas as Suas obras acontecem no tempo oportuno (Dt 32:4) e obedecerá ao mais estrito exame (Ec 3:14).

3. Virá assim que eles estiverem preparados para ela: "...tu lhes fortalecerás o coração..." (Sl 10:17), e se acontecesse antes, acabaria logo. E pode levar muito tempo para se prepararem para ela. Pode haver muitas lições a aprender, muito trabalho pode ser necessário, antes de estarem preparados para ela.

4. Não deve demorar um instante além do tempo devido e designado: "...se tardar, espera-o, porque, certamente, virá..." (Hc 2:3). Não demorará, postergará ou adiará além do tempo devido. Qualquer que seja a direção para onde a roda da providência esteja conduzindo, é uma roda dentro de outra e, portanto, não precisa perder tempo girando.

5. Será surpreendente, como uma luz forte para alguém trazido de um calabouço, embora ele estivesse esperando por isso. Sem dúvida, a Igreja estava esperando o fim de seu cativeiro na Babilônia no final dos 70 anos. Contudo, a mudança foi tal que os surpreendeu. Eles ficaram "como quem sonha" (Sl 126:1).

APLICAÇÃO 1. Que todos saibam que não é vão buscar o Senhor. A confiança em Deus é melhor do que a recompensa do mundo. Embora a espera no tribunal celestial possa ser longa, ainda assim é uma maneira garantida de suprir nossas necessidades.

2. Todos vocês que agora voltam sua face ao Céu, professando sua determinação em abandonar o pecado e o mundo e depender da mão do Senhor para tudo, não olhem para trás, não se afastem dele: "Se retroceder, nele não se compraz a minha alma" (Hb 10:38). Lembre-se de que "aquele, porém, que perseverar até o fim, esse será salvo".

3. Não estranhem se das mãos do Senhor receberem tratamento pelo qual correm o risco de esmorecer. Ele ama provar Seus seguidores. Mas estejam determinados a segurar firme Sua mão, aconteça o que acontecer, e vocês terão finalmente a certeza de avançarem.

4. Vocês que saem dessa comunhão lamentando por causa de um Deus que se oculta e por terem recebido uma refeição escassa, não esmoreçam, mas inquiram sobre as causas, lamentem sobre elas e renovem vigorosamente suas petições direcionadas ao trono. E o que perderam publicamente podem obter em particular.

5. Vocês que estão sob qualquer pressão, que há muito tempo são sacudidos por tempestades e não são consolados, nem veem qualquer sinal de consolo à vista, confortem-se com as palavras do texto, crendo nele, enquanto não podem ter nenhum consolo com o surgimento da providência, e sejam determinados a permanecerem firmes e jamais esmorecerem. E vocês têm a palavra de Cristo para isso — o seu processo terá um resultado feliz, embora nunca tão urgente assim.

E todo aquele que for impedido de esmorecer e for incentivado a segurar firme a mão do Senhor, creia que, permanecendo firme, certamente será ouvido como deseja. Pois assim disse o nosso Senhor: "Digo-vos que, depressa, lhes fará justiça".[14]

---

[14] Esta seleção é extraída de Samuel M'Millan, ed., *Todas as Obras do Falecido Reverendo Thomas Boston de Ettrick; Primeira Edição e Reimpressa Sem Resumo; Incluindo Suas Memórias, Escritas por Ele Mesmo. Vol. VI.* (Aberdeen: George e Robert King, 1848, The Spurgeon Library, Midwestern Baptist Theological Seminary, Kansas City, Missouri), 353-364.

4

Seleção de

WILLIAM JAY

30 DE MAIO — MANHÃ

...que clama: Aba, pai!
—Gálatas 4:6

Tal é o efeito da comunicação divina aqui tratada: "E, porque vós sois filhos, enviou Deus ao nosso coração o Espírito de Seu Filho, que *clama: Aba, Pai!*". Tudo depende de possuirmos esse Espírito, pois "se alguém não tem o Espírito de Cristo, esse tal não é dele" (Rm 8:9). "Pois todos os que são guiados pelo Espírito de Deus são filhos de Deus" (v.14). "Ora, se somos filhos, somos também herdeiros" (v.17). Isso também é chamado de "o penhor da nossa herança" (Ef 1:14).

Portanto, devemos ansiar por averiguar se recebemos o benefício mais importante. E é possível determinar isso, pois, sempre que o Espírito de Cristo toma posse do coração, Sua morada se tornará evidente e ali Ele agirá. De fato, Ele nos encontra nas trevas, mas abre os olhos de nossa compreensão e nos transforma em luz no Senhor. Cristo nos encontra com a mente terrena e apegados à poeira, porém nos induz a buscar as coisas que são do alto. As pretensões do homem, portanto, são vãs a menos que ele se torne diferente do que uma vez já foi. A influência do Espírito é comparada com o fermento na comida, e o fermento fará efeito; ao fogo, e o fogo queimará; à água, e a nascente fluirá em córregos. Se o apóstolo diz que "enviou Deus ao nosso coração o Espírito de Seu Filho", Ele não está inativo ou silencioso, mas clamando: Aba, Pai. Observemos essa prática e a influência que a produz.

O que se deseja é a PRÁTICA da oração, entretanto a representação é peculiar. Não é dito pelo *que* eles orarão. Na verdade, especificar suas necessidades e desejos não teria fim, e "ainda nisto", diz Deus, "permitirei que seja eu solicitado pela casa de Israel" (Ez 36:37). Mas nos é dito *como* eles oram — *clamando: Aba, Pai.*

Isso não sugere a *simplicidade* da oração deles? Salomão declara: "Porque, Deus está nos céus, e tu, na terra; portanto, sejam poucas tuas palavras" (Ec 5:2) e quão breves, livres de tudo o que foi estudado e artificiais são as orações registradas nas Escrituras, e que foram oferecidas por pessoas sob as convicções mais poderosas e favoráveis! "Sara a minha alma, porque pequei contra ti" (Sl 41:4). "Salva-me, Senhor!" (Mt 14:30). "Ó Deus, sê propício a mim, pecador!" (Lc 18:13). "Senhor, que queres que faça?" (At 9:6 ARC). Essa é a linguagem do sentimento e é o que acontece quando o coração fala.

Isso não indica que eles oram com *confiança*? Entre os persas havia uma lei que dizia que deveria ser morto quem se apresentasse diante do rei sem ser chamado. Não temos tal proibição. O cetro dourado está sempre ao nosso alcance. Temos um convite geral e universal para nos aproximarmos em qualquer momento, e em todas as circunstâncias, em tudo, por oração e súplica para tornar conhecidos nossos pedidos a Deus. E estamos autorizados a nos dirigir a Ele não como o Infinito, o Eterno, o Todo-poderoso, a primeira

Causa e o último Fim de todas as coisas, mas como nosso Pai, embora Ele esteja no Céu. Não é o Espírito de escravidão para que o temam, mas o Espírito de adoção, e com base nisso, eles clamam: *Aba, Pai*. Não é o tratamento de um criminoso para um juiz, nem de um escravo para um senhor, mas de um filho para um Pai, com quem ele está mais intimamente relacionado e que sente nele as reivindicações da natureza e do afeto. João diz: "Filhinhos, eu vos escrevi, porque conheceis o Pai" (1Jo 2:14). Quem uma criança conhece provavelmente como seu pai? Qual é o primeiro nome que ela pronuncia senão "meu pai ou minha mãe"? Para quem ela certamente fugirá ao enfrentar qualquer perigo? A quem, em todas as aflições, ela recorrerá tão livremente em busca de consolo? Ela confia em seu cuidado. Ele espera ensiná-la, defendê-la e sustentá-la. E será que Deus, que está nesse relacionamento de amor, não o exemplificará? E o cumprirá *perfeita* e *divinamente*? Que isso, portanto, nos encoraje e incentive em nos aproximarmos dele.

Isso também não implica *fervor*? A palavra "clamar" expressaria isso sozinha, mas aqui está adicionado a ela a repetição "Pai, Pai!". Isso certamente reflete anseio e fervor. É a importância de tal importunação que o nosso Salvador ilustra à maneira daquele que falou como jamais o homem falou: "Qual dentre vós, tendo um amigo, e este for procurá-lo à meia-noite e lhe disser: Amigo, empresta-me três pães, pois um meu amigo, chegando de viagem, procurou-me, e eu nada tenho que lhe oferecer. E o outro lhe responda lá de dentro, dizendo: Não me importunes; a porta já está fechada, e os meus filhos comigo também já estão deitados. Não posso levantar-me para tos dar; digo-vos que, se não se levantar para dar-lhes por ser seu amigo, todavia, o fará por causa da importunação e lhe dará tudo o de que tiver necessidade. Por isso, vos digo: Pedi, e dar-se-vos-á; buscai, e achareis; batei, e abrir-se-vos-á" (Lc 11:5-9). O próprio Filho também foi um exemplo disso. "...nos dias da sua carne, tendo oferecido, com forte clamor e lágrimas, orações e súplicas a quem o podia livrar da morte" (Hb 5:7); e a verdadeira condição, exigências e perigos de Seus seguidores, quando forem percebidos e sentidos, instiga-los-á a orar da mesma maneira.

Mas isso não indica a *concordância* das orações deles? Quaisquer distinções que prevaleçam entre eles, o Senhor lhes dá um coração e um caminho. Todos eles se ajoelham diante do mesmo propiciatório e dirigem-se ao mesmo Deus, o Deus de toda a graça. *Aba* significa pai. Mas a palavra está em siríaco, e essa era a língua comum dos judeus quando Paulo escreveu esse texto. A palavra traduzida como "pai" é grega no original. E assim vemos que o mesmo Espírito agiria nos habitantes de todos os países. Judeus e gentios se apropriariam do mesmo relacionamento. "É, porventura, Deus somente dos judeus? Não o é também dos gentios? Sim, também dos gentios" (Rm 3:29). "Porquanto a Escritura diz: Todo aquele que nele crê não será confundido. Pois não há distinção entre judeu e grego, uma vez que o mesmo é o Senhor de todos, rico para com todos os que o invocam" (Rm 10:11,12). O que significa "pai" na China, na Tartária ou entre os esquimós não sabemos. Mas Aquele que os criou e deu Seu Filho para morrer por eles entende todos os seus dialetos, e a hora está chegando quando "O Senhor será Rei sobre toda a terra; naquele dia, um só será o Senhor, e um só será o Seu nome" (Zc 14:9).

Mas aqui vemos a FONTE de tudo isso: é o Espírito do Filho de Deus em nosso coração que "clama, Aba, Pai". É, portanto, chamado de "o espírito da graça e de súplicas" (Zc 12:10). E nos é dito para "[orar] no Espírito Santo" (Jd 1:20). É Ele quem nos mostra nossa condição e nos faz ter fome e sede por justiça. "Também o Espírito, semelhantemente, nos assiste em nossa fraqueza; porque não sabemos orar como convém, mas o mesmo Espírito intercede por nós sobremaneira, com gemidos inexprimíveis" (Rm 8:26). Ele nos capacita a crer no Mediador, e assim nos dá ousadia e acesso com confiança pela fé a Ele. O Espírito nos faz espiritualmente conscientes e torna a oração nosso privilégio, e sentimos que é bom orar para nos aproximarmos de Deus. Por isso, sejamos constantes na oração; portanto, se nos deleitarmos no Todo-poderoso, sempre invocaremos a Deus.

Disso, concluímos: não podemos dizer muito no que se refere à oração em relação às nossas provações, deveres e aperfeiçoamento. A oração é a vida da religião, mas qual é a vida da oração? O "Espírito da vida, em Cristo Jesus" (Rm 8:2). Por isso, primeiramente, não entristeçamos o Espírito Santo, fazendo com que Ele retire ou suspenda Suas influências. E, segundo, vamos orar por meio do Espírito, para que possamos orar com Ele. Se houver alguma inconsistência nisso, nosso Salvador declarou: "Ora, se vós, que sois maus, sabeis dar boas dádivas aos vossos filhos, quanto mais o Pai celestial dará o Espírito Santo àqueles que lho pedirem?" (Lc 11:13).[15]

---

[15] Esta seleção é extraída de William Jay, *As Obras de Williams Jay, Compiladas e Revisados por Ele mesmo. Volume II. Exercícios Matutinos e Noturnos. Abril a Junho.* (Londres: C. A. Bartlett, 1842, **The Spurgeon Library, Midwestern Baptist Theological Seminary**, Kansas City, Missouri), 382-386.

30 DE MAIO — NOITE

Pede-me.
—Salmo 2:8

Essa é a condição de uma concessão muito importante: "Pede-me e eu te darei as nações por herança e as extremidades da terra para a tua possessão".

O que quer que pareça humilhante na condição a que o Salvador se submeteu, lembremo-nos de que Ele o fez voluntária e conscientemente. Jesus estava ciente de que se os filhos eram partícipes de carne e sangue, Ele também devia participar do mesmo e convinha que, em todas as coisas, se tornasse semelhante aos irmãos. Jesus devia, portanto, não só sofrer, mas obedecer. E embora Ele fosse Filho, mesmo assim aprendeu a obediência. Devia, portanto, orar. A oração é o ato de natureza inferior, e a Palavra se fez carne. Embora rico, o Filho se tornou pobre e sem reputação.

Muitas objeções são feitas à oração. Algumas delas são ilusórias, mas todas são fundamentadas na ignorância. A melhor maneira de respondê-las é nos posicionarmos segundo as Escrituras e fazermos nosso apelo. Deus não comunica o Seu caráter e glória pelo fato de ouvir as orações? Seu Espírito não é o Espírito da graça e de súplica? Não é essa Sua ordem, não é essa Sua promessa: "Pedi, e dar-se-vos-á; buscai e achareis..." (Lc 11:9)? Ele renuncia a isso, mesmo no caso do próprio Filho? E isso pode ser dispensável em relação a nós? Conhecemos a Sua determinação — Por todas essas coisas serei indagado pela casa de Israel: "Pede-me, e eu te darei".

Mas como Jesus deveria pedir? Primeiro, quando Ele estava na Terra, orava como um de nós. Orava sozinho e em companhia de Seus discípulos. Jesus orou no deserto, no jardim, e na cruz: "nos dias da sua carne, tendo oferecido, com forte clamor e lágrimas, orações e súplicas a quem o podia livrar da morte e tendo sido ouvido por causa da sua piedade" (Hb 5:7). Segundo, Ele continuou apresentando Seu desejo quando entrou no Céu. Não sabemos se isso foi feito oralmente, mas sabemos que isso, de fato, ocorreu. Terceiro, Ele o faz proporcionalmente. Assim, a oração é relativamente feita a Ele. E *Ele* está pedindo sempre que indivíduos, ministros e igrejas orem pelo sucesso de Sua causa.

E Sua oração e nossa petição baseiam-se nas mesmas considerações: os Seus sofrimentos e morte. Foi dito que quando o Pai desse a alma do Filho como oferta pelo pecado, veria a Sua posteridade e prolongaria os Seus dias, e a vontade do Senhor prosperaria em Suas mãos. Ele veria o fruto do penoso trabalho de Sua alma e ficaria satisfeito. Essa era a alegria que lhe foi proposta. E, tendo cumprido a terrível condição que suportou, Ele suplica por ela — *Ele* pede, portanto, em Seu *próprio* nome e *próprio* favor. E *nós* pedimos no *mesmo* favor e no *mesmo* nome, de acordo com

Sua própria instrução: "e tudo quanto pedirdes em oração, crendo, recebereis" (Mt 21:22).

Isso deveria nos encorajar e animar. Não pode haver mais incerteza em relação ao sucesso de nosso pedido do que do dele, pois nisso nos identificamos com Ele. Não há infidelidade com Deus, e Ele disse: "Pede-me, e eu te darei as nações por herança e as extremidades da terra por tua possessão".

Se as nossas orações são sinceras, elas devem suscitar transformações, e devemos nos esforçar na causa do Redentor. Não podemos labutar em vão. Estamos do lado certo, que cresce, que prevalece. Comerciantes, heróis, políticos, podem todos se cansar por sua muita vaidade. Nós temos uma certeza: O Rei deve reinar e prosperar. "Subsista para sempre o Seu nome e prospere enquanto resplandecer o sol; nele sejam abençoados todos os homens, e as nações lhe chamem bem-aventurado. Bendito seja o SENHOR Deus, o Deus de Israel, que só ele opera prodígios. Bendito para sempre o Seu glorioso nome, e da sua glória se encha toda a terra. Amém e amém" (Sl 72:17-19).[16]

---

[16] Esta seleção é extraída de William Jay, *As Obras de Williams Jay, Compiladas e Revisados por Ele mesmo. Volume II. Exercícios Matutinos e Noturnos. Abril a Junho.* (Londres: C. A. Bartlett, 1842, *The Spurgeon Library, Midwestern Baptist Theological Seminary*, Kansas City, Missouri), 386-389.

7 DE JUNHO — MANHÃ

*Vendo este que não podia com ele,
tocou-lhe na articulação da coxa; deslocou-se a junta
da coxa de Jacó, na luta com o homem.
Disse este: Deixa-me ir, pois já rompeu o dia.*
—Gênesis 32:25,26

É maravilhoso que Jacó foi capaz de manter a luta da maneira que o fez. Nunca houve uma disputa tão desigual. A luta foi entre um pobre verme e o Senhor de todos. Qual teria sido a consequência se as coisas tivessem tomado seu curso natural a não ser a derrota de Jacó? Como ele permaneceu firme? Não por causa de sua própria suficiência, mas da condescendência e bondade de Seu oponente, que, em vez de lutar contra ele com Seu grande poder, fortaleceu-o e o sustentou no confronto.

No entanto, o Senhor o lembrou de sua fraqueza. Ele, portanto, tocou e desarticulou a junta da coxa de Jacó. Isso foi para anunciar que, se ele vencesse, não deveria, como poderia ter feito, atribuir vitória a si mesmo. Bons homens em suas realizações e sucessos sofrem com o perigo da vanglória. É necessário mantê-los longe desse propósito e esconder o orgulho deles. Paulo, depois de suas revelações, teve um espinho na carne, e isso o impediu de se exaltar acima da medida. Todas as nossas honras e bens devem ter alguma conexão. Na navegação, o lastro é tão necessário quanto as velas, e um deve ser proporcional ao outro.

Contudo Jacó ainda não cede? Não, ele continua lutando, embora com dor, e até mesmo coxo, e, portanto, obrigado a agarrar o mais perto e mais firme para impedi-lo de cair. Assim devemos nos apegar ao Senhor com propósito de coração: orar e jamais esmorecer. Seja qual for o desânimo que encontrarmos, não estamos nessa luta para desistir. E quando não podemos orar como gostaríamos, devemos orar como pudermos e não interromper essa prática por causa da enfermidade e imperfeições.

"Deixa-me ir", diz o anjo. No entanto, ele não poderia ter facilmente se livrado das mãos de Jacó, uma vez que com apenas um toque tinha desarticulado a coxa dele? E o anjo pede permissão para se retirar? Ele anuncia Sua partida para suscitar súplicas mais fervorosas para Sua permanência. Quando Jesus estava com os dois discípulos em Emaús, Ele agiu como se quisesse ir mais longe. Jesus pretendia ficar com eles — mas não sem insistir, e eles o constrangeram dizendo: Fica conosco — e Jesus entrou e ficou com eles. Eles o amam tanto, e Jesus é tão necessário para o Seu povo, que uma insinuação de Sua ida é suficiente para deixá-los alarmados e induzi-los a clamar: "Não me repulses da tua presença, nem me retires o teu Santo Espírito" (Sl 51:11). Porém o pedido tem a intenção de mostrar o poder da oração: "um rei está preso nas tuas tranças" (Ct 7:5), "agarrei-me a ele e não o deixei ir embora" (Ct 3:4), "o reino dos céus é tomado por esforço" (Mt 11:12). O poder da terra e do inferno não pode conter Deus, mas a oração pode. Dois cegos mendigando "à beira do caminho, tendo ouvido que Jesus passava, clamaram: 'Senhor, filho de Davi, tem compaixão de nós!'" (Mt 20:31). A multidão os considerou perturbadores ofensivos e ordenaram que eles se calassem. Mas Jesus parou e ordenou que fossem trazidos a Ele. O Sol, uma vez parou na natureza para permitir que Josué concluísse sua vitória, e agora um Ser muito mais nobre não pode dar outro passo até que tenha parado, ouvido e dado um fim àquela história de angústia. Quando Deus, provocado pela idolatria dos judeus no monte Horebe, ameaçou destruí-los, Moisés interveio e deteve Seu braço, e o próprio Onipotente disse: "Agora, pois, deixa-me, para que se acenda contra eles o meu furor, e eu os consuma; e de ti farei uma grande nação" (Êx 32:10). Quem não valorizaria a oração! Que eficácia ela exerce! Com Deus todas as coisas são possíveis, e a oração tem poder com Deus!

No entanto, o motivo parece tão estranho quanto o pedido: "Deixa-me ir, pois já rompeu o dia" (Gn 32:26). Quais são as diferenças do tempo para Ele? Não é o mesmo para o Senhor se Ele está com Seu povo à noite ou durante o dia? Para Ele, "as trevas e a luz são a mesma coisa" (Sl 139:12). Primeiro, o motivo pode ser que o anjo não desejasse que alguém pudesse ver a cena. E assim nos diz para evitarmos a notoriedade religiosa e para não orarmos a fim de sermos vistos pelos homens, como os fariseus — "Não vem o reino de Deus com visível aparência" (Lc 17:20). Quando entrarmos em nossos aposentos, não devemos deixar a porta aberta. Segundo, o motivo se refere, em vez disso, a Jacó e suas circunstâncias — "A manhã chega, e devemos nos separar por tua causa — tu deves prosseguir tua jornada — teu gado, servos e família exigirão tua presença e ajuda". A religião não deve nos afastar de nossos deveres familiares, nem mesmo das atividades seculares. Tudo é belo em seu momento. Às vezes, devemos exercitar até mesmo a abnegação espiritual. Os privilégios do *Shabat* devem dar lugar às provações da semana. Seria mais agradável continuar uma hora a mais em retiro, lendo as Escrituras, com meditação e oração, mas as necessidades da família e as reivindicações de nossas vocações nos fazem parar. E devemos nos "conservar perfeitos e plenamente convictos em toda a vontade de Deus" (Cl 4:12).[17]

---

[17] Esta seleção é extraída de William Jay, As Obras de Williams Jay, Compiladas e Revisados por Ele mesmo. Volume II. Exercícios Matutinos e Noturnos. Abril a Junho. (Londres: C. A. Bartlett, 1842, The Spurgeon Library, Midwestern Baptist Theological Seminary, Kansas City, Missouri), 434-437.

5
Seleção
de
ISAAC BARROW

DO DEVER DA ORAÇÃO

(Sermão 8)

Orai sem cessar. —1 Tessalonicenses 5:17

São Paulo em suas epístolas, depois de ter discutido alguns pontos principais da doutrina ou disciplina (que a ocasião exigiu que ele esclarecesse e estabelecesse), propõe vários bons conselhos e regras para observância da prática da vida da cristã. Ele nos traz uma variedade muito rica de preceitos morais e espirituais específicos a assuntos especiais subordinados às leis gerais de piedade e virtude. Desses preceitos, poderia muito bem ser compilado um conjunto de ética ou sistema de preceitos *De oficiis*, que, na verdade e na completude, muito excederia aqueles que qualquer filosofia tenha sido capaz de gerar ou apresentar. Paulo não sistematizou esses preceitos em nenhum método formal, nem os conectou de modo rigoroso, mas livremente os disseminou, de modo que, da sua mente (como se fosse um solo fértil, impregnado com todas as sementes de sabedoria e bondade), eles brotaram oportunamente, ou conforme fora proposto pelo Espírito Santo, que continuamente o guiava e o regia.

Entre os diversos preceitos apresentados aqui, este é um que será o tema da minha presente abordagem, o qual, não tendo outra plena coerência (exceto pela afinidade de assunto) com o restante que o envolve, eu o considerarei totalmente em separado, esforçando-me de alguma forma para explicá-lo e para encorajar sua prática.

Orai sem cessar. Para entender essas palavras, vamos primeiramente considerar o que significa o ato *Orar*. Depois, o que o requisito ou circunstância contígua, *sem cessar*, significa.

1. A palavra oração, em seu escopo comum de aceitação, compreende todos os tipos de devoção, ou toda aquela parte da prática religiosa em que nos dirigimos instantaneamente a Deus, tendo pelo discurso (verbal ou mental) uma espécie de relacionamento com Ele. Assim, a oração inclui o louvor que devemos render a Deus, expondo nossa devida estima por Suas mais excelentes perfeições, Suas obras mais gloriosas, Suas mais justas e sábias dispensações de providência e Sua graça. Com ação de graças devemos expressar zelo apaixonado por nossa obrigação devida a Ele em virtude dos inúmeros e imensos benefícios que dele recebemos. Na oração, reconhecemos nossa inteira dependência dele, ou nossa total sujeição ao Seu poder e prazer, professando nossa fé nele e lhe declarando nosso serviço, os quais lhe devemos como Suas criaturas naturais e súditos; nela também confessamos humildemente a nossa enfermidade, nossa vileza, nossa culpa, nossa miséria (unidas à reprovação pela ira e vingança), que são próprias a nós como homens miseráveis e grandes pecadores. Na oração, pedimos por coisas necessárias ou que nos são convenientes (a provisão das nossas

necessidades, de ajuda e consolo em nossas angústias, de direção e auxílio em nossos empreendimentos, de misericórdia e perdão para nossas ofensas) as quais nosso estado natural (pobre, fraco, triste e pecaminoso) nos leva a buscar. Nas orações, intercedemos por aqueles que exigem de nós a caridade em geral ou um relacionamento especial, sendo pessoas interessadas ou que se sentem no dever de desejar e buscar o bem do outro. Dentre todas as práticas religiosas, a oração, em sua maior concepção, compreende todo o conjunto do serviço divino. E os templos, que são consagrados ao desempenho de todos os deveres sagrados, são as casas de oração. Esse breve conjunto de diretrizes, ou significativa forma de toda devoção, que nosso Senhor prescreveu, é chamado de Sua oração e é assim considerado em inúmeras passagens das Escrituras.

Em sentido mais restrito, a oração significa apenas uma prática em particular entre outras, a petição do que nos é necessário ou útil.

Mas aqui escolho entendê-la de acordo com significado inicial e mais abrangente. Tanto porque é assim mais comumente utilizada (especialmente, quando não se une a ela nenhuma limitação que a distingue, ou a natureza do assunto não a restringe) quanto porque razões gerais obrigam igualmente ao desempenho de todas essas funções na forma aqui prescrita. Não há qualquer fundamento para excluir qualquer parte da devoção do uso contínuo. Somos incessantemente mais compelidos a louvar a Deus por Suas excelências, agradecer-lhe por Seus benefícios, declarar Sua majestade soberana e autoridade e confessar nossas enfermidades e erros do que a implorar ajuda e misericórdia divinas. Toda devoção, portanto, todo tipo de aproximação adequado e devido a Deus (Πᾶσα προσευχὴ — *Toda oração e súplica*, conforme Efésios 6:18, de que São Paulo fala em outros lugares) está aqui unido, de acordo com o acréscimo, *Sem cessar*, Ἀιαλείπτως, ou seja, perpetuamente ou continuamente.

2. Para o significado dessa expressão, devemos supor que não devemos entender que deveríamos nos sentir obrigados a cada instante ou num momento específico a aplicar realmente nossa mente a essa prática, pois, em si mesmo, é impossível fazê-lo. Portanto, não pode ser uma questão de dever. É inconsistente com outros deveres, então não deve ser praticado. Não consistirá em si mesmo, pois, para que possamos orar, devemos viver. Para que possamos viver, devemos comer. Para que possamos comer, devemos trabalhar. E devemos atender a outros afazeres, de forma que a verdadeira devoção não deve nem pode consumir todo o nosso tempo e atenção. As atividades intencionais de nossa mente são interrompidas: às vezes, pelo sono; outras vezes, são levadas a satisfazer nossos apetites naturais, e, em certas ocasiões, essas atividades devem atender outras ocupações ordenadas ou permitidas por Deus. A partir dessa interpretação ilimitada, não pode haver obrigatoriedade para essa prática. Esse preceito (em geral, como diversos outros de semelhante pretensão e expressão) deve ser entendido não em sentido natural, mas moral, de acordo com a exigência das coisas permitidas, ou como o motivo do caso exige, na medida em que é convenientemente praticável, ou é razoavelmente compatível com outros deveres e necessidades.

Mas não devemos contê-lo tanto a ponto de cometermos um erro, comprimindo-o dentro de limites muito estreitos.[18] Devemos nos esforçar para declarar como pode ser compreendido e até onde ele deve se estender, propondo todos os sentidos possíveis, fundamentando-os nos testemunhos simples das Escrituras e reforçando-os por boas argumentações; de acordo com esses sentidos, devemos insistir em sua observância.

I. *Primeiro*, orar incessantemente pode implicar que preservemos em nossa alma a disposição ou inclinação habitual à devoção. As Escrituras chamam essa propensão de "o espírito da graça e de súplicas" (Zc 12:10). Em apreço moral, e de acordo com a linguagem daquele tempo, isso constitui uma prática contínua. O homem sendo considerado e reconhecido por fazer isso está sempre preparado e propenso a tal coisa, como se diz do homem justo: "é sempre compassivo e empresta" (Sl 37:26). O justo continuamente se dispõe a dispensar ao seu próximo o auxílio necessário, embora ele nem sempre dispense esmolas ou abasteça o seu próximo com suprimentos para sua necessidade. As palavras podem significar isto: pelo menos suas consequências implicam que, se em qualquer sentido não o fizermos, dificilmente poderemos cumprir o dever. Sem um bom ajuste do temperamento e sem o anseio que nos leve à devoção, dificilmente podemos ou nos dedicamos a orar incessantemente. Se não houver em nosso coração uma raiz de devoção, de onde ela deve brotar? Como ela poderá viver ou crescer? Se os

---

[18] *Adoro scripturæ plenitudinem.*—Tertull. [adr. Hermog. cap. xxii. Opp. p. 241 D.]

instrumentos da oração estão fora de ordem, ou fora do tom, como podemos orar? Se não somos cingidos no entendimento *Accinct*, não nos preparamos para algo difícil ou perigoso e não calçamos os nossos pés com a preparação ao serviço, quando avançaremos (1Pe 1:13; Lc 12:35; Ef 6:14)? Davi afirmou: "Firme está o meu coração, ó Deus! Cantarei e entoarei louvores de toda a minha alma" (Sl 108:1). Firme, ou seja, meu coração está revestido e sempre "disposto" à devoção (2Cr 30:19; Ed 7:10). O nosso coração deve constantemente estar dessa mesma maneira. Como um amigo verdadeiro que está sempre pronto a alegrar o seu amigo com cortesia e sincera disposição, sempre apto para dar conselhos e assistência quando este recorrer a ele, assim devemos estar sempre dispostos a conversar com Deus com alegria e decência, uma vez que Ele livremente vem a nós, ou quando temos necessidade de nos dirigir ao Senhor. Se houver (em consequência da estupidez da mente, da frieza do afeto, da lentidão do espírito, da distração mundana) qualquer indisposição ou aversão a isso, devemos, por meio de sérias considerações e cuidados diligentes, trabalhar arduamente para removê-las, elevando o nosso espírito e aparando em nossas afeições o ardor em relação às coisas espirituais. Caso contrário, estaremos sujeitos a evitar ou a nos esgueirarmos das oportunidades que nos induzem à devoção; nosso coração estará tão inquieto ou apático, que dificilmente seremos instigados a orar quando isso nos for necessário ou proveitoso.

II. *Orar incessantemente* pode significar que é necessário vigiar constantemente (com propósito sincero e firme) na observância dessa prática. Aquele vigiar com constância que os homens geralmente utilizam em seus compromissos, e por meio do qual os planos prosseguem, embora, em algum momento a vigilância torne-se crítica. No entanto, orar incessantemente direciona a atenção da mente para apegar-se aos benefícios da súplica. Na prática, essa constância é um tipo de continuidade, e comumente é entendida assim, da mesma maneira que dizemos, que alguém está construindo uma casa, escrevendo um livro, ocupando tal terra, embora, na verdade, ele esteja dormindo, ou comendo, ou fazendo qualquer outro negócio, expressamo-nos assim porque o projeto original desse alguém nunca dorme, e seu propósito permanece sem interrupções. Por isso tantas vezes é ressaltada a vigilância sobre a oração. Nosso Senhor ensinou: "Vigiai, pois, a todo tempo, orando" (Lc 21:36). São Paulo advertiu: "Perseverai na oração, vigiando"(Cl 4:2; Ef 4:18). São Pedro aconselhou: "Sede, portanto, criteriosos e sóbrios a bem das vossas orações" (1Pe 4:7). Essas expressões envolvem constante e vigilante atenção a esse dever (Mt 24:42; 25:13). Que não as tornemos uma Πάρεργον algo paralelo em nossa vida (uma questão de pouca consideração ou indiferença, de curiosidade, de acaso), a ser efetuado sonolenta ou tenuamente, com um esforço incoerente e leve, vacilante, de acordo com nosso humor. Que consideremos a prática da oração como assunto da maior relevância. Que o momento de orar seja o mais importante, que venhamos a aderir a prática da oração com propósito inabalável, considerando-a com muita atenção, perseguindo-a com diligência infatigável, estando sempre a postos, alertas e ágeis, empenhados e aptos a encerrar qualquer ocasião que sugira sua necessidade. A razão também nos obriga a agirmos dessa maneira.

Considerando isso, nenhuma atividade merece mais o nosso maior compromisso e cuidado, portanto, ninguém é mais importante do que o compromisso da oração. Se nunca nos importarmos com a oração, raramente a praticaremos quando a natureza for adversa e as circunstâncias incertas.

III. *Orar incessantemente* pode significar que nós realmente aproveitamos todos os momentos propícios e ocasiões que necessitam da devoção. Na averiguação moral, isso passa pela prática contínua. É o mesmo que se diz de uma árvore que produz fruto na estação propícia, e de um homem responsável por trabalhar nesse tipo de atividade sazonal, o qual ele exerce sempre que é requisitado. Nesse sentido, vários preceitos paralelos àquele em questão são claramente expressos. São Paulo diz para orar "com toda oração e súplica" (Ef 6:18) — Ἐν παντὶ καιρῷ. E nosso Senhor disse: "Vigiai, pois, a todo o tempo, orando" (Lc 21:36) — Ἐν παντὶ καιρῷ δεόμενοι — ou em todas as oportunidades. A devoção, na verdade, raramente é inoportuna ou impertinente. Podemos oferecê-la: Εὐκαίρως, ἀκαίρως, "quer seja oportuno, quer não" (2Tm 4:2), isto é, não apenas aproveitar as oportunidades que se apresentam para orar, ou que exigem urgente oração, mas buscando oportunidades de orar e criando esses mesmos ensejos por nós mesmos, quando a necessidade não for tão aparente e urgente. Mas há algumas ocasiões especiais em que as orações são mais importantes e indispensáveis. Há algumas situações (sejam elas o resultado de acontecimentos extrínsecos, ou de disposições interiores), quando, sem grandes culpas e sem muitos danos a nós mesmos, não podemos negligenciar a oração. Há momentos mais adequados e aceitáveis quando precisamos nos dedicar à oração, sendo provável que sejamos bem-sucedidos. O salmista disse: "todo homem piedoso te fará súplicas em tempo de poder encontrar-te" (Sl 32:6): e, "quanto a mim, porém SENHOR faço a ti, em tempo favorável a minha oração" (Sl 69:13) e diz novamente, "te ouvi no tempo da oportunidade" (2Co 6:2), "no tempo aceitável" (Is 49:8).

Assim, quando tivermos recebido qualquer benção singular ou notável favor de Deus, quando formos bem-sucedidos em nossos esforços honestos, quando felizmente formos resgatados de perigos iminentes, quando tivermos sido sustentados em dificuldades, ou socorridos em tempo de carência e dificuldades, será oportuno apresentarmos sacrifícios de ação de graças e louvor ao Deus da vitória, auxílio e misericórdia, admirá-lo e celebrá-lo, pois Ele é a nossa "Força", e nosso "Libertador", nosso "rochedo em que [nos refugiamos]; o [nosso] escudo, a força da [nossa] salvação" (Sl 18:1,2), "a [nossa] rocha e a [nossa] fortaleza" (Sl 71:3). Portanto, omitir essa parte da devoção é vil ingratidão, de negligência estúpida e indolência.

Quando vemos qualquer objeto raro ou acontecimento notável neste teatro do mundo, examinamos as gloriosas obras da natureza ou os estranhos acontecimentos da Providência, essa é a ocasião propícia para enviarmos hinos de louvor ao poder, à sabedoria, à bondade do grande Criador e Governador do mundo.

Quando empreendemos qualquer negócio num momento de dificuldade especial, é conveniente apelar pela ajuda de Deus (instigados pela sabedoria), entregar nossos assuntos em Suas mãos, pedir Sua benevolência por nossos esforços, pois, por Sua orientação, todas as coisas são feitas ordenadamente, sem cuja convergência nada pode ser efetuado, e sobre tal disposição arbitrária depende todo o sucesso.

O início de qualquer projeto ou empreendimento (mesmo se o considerarmos simples) é um momento propício de oração ao Senhor, a quem devemos, por Sua generosidade e favor, a nossa capacidade de agir, o amparo em nosso modo de agir, qualquer questão agradável que se relacione ao que fazemos (pois "a nossa suficiência vem dele" e sem Ele nada podemos "fazer" — 2 Coríntios 3:5; João 15:5). Por isso, se primeiro não implorarmos humildemente a proteção, orientação e auxílio de Deus,[19] jamais poderemos nos dedicar a qualquer empreendimento ou trabalho, nem comer, dormir, viajar, negociar, estudar, contentar-se verdadeiramente ou ter qualquer esperança que nos satisfaça.

Quando caímos na dúvida, ou trevas (no curso de nossos assuntos espirituais ou seculares), sem saber que direção tomar ou para que lado nos virarmos (isso deve ocorrer frequentemente com criaturas tão cegas e tolas como nós), o tempo nos impele a consultar o grande oráculo da verdade, o "Maravilhoso Conselheiro", o "Pai das luzes" (Is 9:6; Tg 1:17), buscando constância e satisfação, luz e sabedoria que vêm dele (Jr 10:23; Pv 20:24; 16:9), dizendo com o salmista: "Faze-me, Senhor, conhecer os teus caminhos, ensina-me as tuas veredas. Guia-me na tua verdade e ensina-me, pois tu és o Deus da minha salvação em quem eu espero todo o dia" (Sl 25:4,5; 27:11; 86:11; 143:10; 32:8; 119:125), "Firma os meus passos na tua palavra, e não me domine iniquidade

---

[19] Δεῖ πάσης πράξεως προηγεῖσθαι προσευχήν. —Marc. Erem.

alguma" (Sl 119:133) e seguindo o conselho de São Tiago: "Se, porém, algum de vós necessita de sabedoria, peça-a a Deus, que a todos dá liberalmente e nada lhes impropera; e ser-lhe-á concedida" (Tg 1:5; Pv 2:6; Is 30:1).

Quando nos sobrevier qualquer tempestade perigosamente ameaçadora e furiosamente nos atacar com maldade (sendo difícil escapar por nossa própria força ou inteligência), devemos voar para Deus com as asas de devoção fervorosa para obter abrigo e socorro (Sl 34:4; 18:3; 56:3).

Segundo a instrução de São Paulo, quando qualquer ansiedade nos perturbar, ou qualquer pesado fardo pressionar nossa mente, devemos nos livrar deles por meio da oração e deixá-los aos cuidados e providência divina: "Não andeis ansiosos de coisa alguma; em tudo, porém, sejam conhecidas, diante de Deus, as vossas petições, pela oração e pela súplica, com ações de graças" (Fp 4:6).

Quando estamos sujeitos as perturbações ou angústias (carência, dor, desgraça), devemos recorrer ao "Pai de misericórdias e Deus de toda consolação" (2Co 1:3) para obter socorro e auxílio, alívio e consolo, pois "Perto está o SENHOR de todos os que o invocam em verdade [...] atende-lhes o clamor e os salva" (Sl 145:18,19). Aquele que, quando "clamam os justos, e o SENHOR os escuta e os livra de todas as suas tribulações" (Sl 34:17). Aquele que é tantas vezes denominado a cidadela, o socorro e a força, o escudo e o broquel, a rocha, a fortaleza, o baluarte, a força da salvação para todas as pessoas boas e angustiadas (2Co 1:3; Sl 18:1,2; 32:7; 33:20; 56:3; 71:3; 84:9; 147:3). Estando em tal condição, devemos recorrer a Ele, imitando o piedoso salmista, cuja prática era esta: "No dia da minha angústia, procuro o Senhor" (Sl 77:2); "[grito] por socorro ao meu Deus" (18:6), "derramo perante Ele a minha queixa, à Sua presença exponho a minha tribulação" (142:2); "em meio à tribulação, invoquei o Senhor, e o Senhor me ouviu e me deu folga" (118:5).

Quando qualquer forte tentação nos invade, com a qual por nossa própria força não possamos lutar, mas estamos propensos a afundar e vacilar sob ela, então é oportuno e necessário que procuremos a Deus para suprir-nos de forças espirituais e o auxílio de Sua graça todo-poderosa, como São Paulo fez dizendo: "foi-me posto um espinho na carne, mensageiro de Satanás, para me esbofetear"; então, três vezes Paulo pediu "ao Senhor que o afastasse" dele (2Co 12:7,8), e esta foi a resposta que Deus lhe concedeu: "A minha graça te basta" (v.9).

Quando também (por ignorância ou engano, por inadvertência, negligência ou imprudência, por fraqueza, devassidão, presunção) transgredimos nosso dever e incorremos em culpa pecaminosa, então (para evitar o perigo e a vingança resultantes, por descarregar nossas consciências do fardo e do seu desconforto), com humilde confissão em nossa boca e sincera contrição em nosso coração, devemos nos dedicar ao Deus de misericórdia, afastando Sua ira pela oração e implorando Seu perdão, lembrando da promessa de São João: "Se confessarmos os nossos pecados, Ele é fiel e justo para nos perdoar os pecados e nos purificar de toda injustiça" (1Jo 1:9), e da declaração do Sábio: "O que encobre suas transgressões jamais prosperará; mas o que as confessa e deixa alcançará misericórdia" (Pv 28:13).

Nesses e nos casos semelhantes, Deus, por causa de nossas necessidades, nos convida e convoca a irmos até Ele. E não seremos menos tolos do que já somos ímpios se depois nos desviarmos ou voarmos para longe dele (Sl 32:5; 51:1; Jó 7:20). Então, devemos (como o apóstolo exortou em Hebreus) "Achegar-nos, portanto, confiadamente, junto ao trono da graça, a fim de recebermos misericórdia e acharmos graça para socorro em ocasião oportuna" (Hb 5:16) ou, "para auxílio oportuno".[20]

E conjuntamente com essas coisas que externamente nos instigam e nos impelem, há outras oportunidades, surgindo em nosso interior, as quais não somos menos obrigados e interessados a abraçar. Quando Deus, por Seus sussurros gentis nos chama, ou por Seus impulsos suaves nos atrai à Sua presença, devemos então nos guardar de fechar nossos ouvidos ou apartar o nosso coração dele, recusando-nos a ouvir ou a obedecer. Não devemos saciar ou apagar qualquer faísca de piedosa devoção acesa em nós pelo Espírito divino. Não devemos repelir ou resistir a qualquer uma de Suas propostas ou bondosas determinações (Jr 35:15; Pv 1:24; Is 50:2; 65:12; 66:4).

Um bom momento se apresenta sempre que nos encontramos bem envolvidos ou bem-dispostos à prática da devoção, que temos um senso vivo e sobrevém o apetite por coisas espirituais, que o nosso espírito está revigorado e puro, nossa imaginação calma e límpida, que o nosso coração esteja terno e suave, nossas afeições calorosas e aguçadas. E quando o ferro estiver bem quente, devemos golpear.

Se, a qualquer momento, sentirmos quaisquer inclinações ou boas disposições para a prática desse dever, jamais devemos detê-las ou restringi-las, mas, antes, fomentar e

---

[20] Εἰς εὔκαιρον βοήθειαν.

estimulá-las, lançando-nos nessa carreira promissora, deixando o fluxo de nossas afeições nesse bom canal, para que possa correr livremente nele, para que transborde e se difunda em exuberância de devoção.

Além disso:

IV. *Orar incessantemente* pode significar que devemos ter um contínuo impulso de urgência sobre a intenção de nossas orações, nunca desistindo delas, ou renunciando, até que nossos pedidos sejam concedidos, ou nossos desejos sejam realizados. Quando agimos assim, podemos dizer que oramos continuamente, como aquele que avança em sua jornada, de quem, embora às vezes pause, em algum momento descanse e repouse, ainda se diz que está em viagem. Ou como aquele que não treme diante da promotoria em sua causa (embora ocorram algumas objeções) é considerado como ainda em processo. Isso é o que o nosso Senhor prescreveu e persuadiu no evangelho, e sobre Ele está registrado: "Disse-lhes Jesus uma parábola sobre o dever de orar sempre e nunca esmorecer" (Lc 18:1). O discurso que se segue mostra que orar sempre significa importunação incessante e perseverança na oração. Tantas vezes isso nos é recomendado pelas frases Μὴ ἐκκακεῖν, "Nunca esmorecer ou vacilar"; Μὴ Παύεσθαι, "Não cessamos" ou desistimos (Cl 1:9; Ef 1:16); Προσκαρτερεῖν, "Na oração, perseverantes", ou resistir fortemente (Rm 12:12); Ἀγωνίζεσθαι, "Perseverai", ou contender e lutar "em oração" (Cl 4:2,12); Προσμένειν ταῖς δεήσεσι, "Com toda oração e súplica"; Ἀγρυπνεῖν ἐν πάσῃ προσκαρτερήσει, "Vigiando com toda perseverança" (Ef 6:18). Aquilo que também está implícito por esses termos que no estilo bíblico comumente expressam devoção: *Buscar a Deus* (Sl 10:4; 14:2; 24:6; 63:1; 69:6,32; 70:4; 83:16; Jó 8:5; Dt 4:29). O que implica que Deus, atualmente, de maneira alguma, se revela em efeitos benéficos em resposta aos nossos desejos, mas apenas após uma perseverança cuidadosa e dolorosa em nossa dedicação a Ele: *esperar em Deus* (Pv 8:17; 20:22; Sl 25:5,21; 27:14; 37:7,34; 52:9; 59:9; 69:3; 77:6; 123:2; 130:5; 145:15; Is 8:17; 40:31; 49:23; Os 12:6; Lm 3:25,26). Isso significa que, se Deus não aparecer logo concedendo nossos pedidos, devemos ficar pacientemente esperando até que Ele se compraza em fazê-lo em Seu melhor tempo, de acordo com o salmo: "os nossos olhos estão fitos no Senhor, nosso Deus, até que se compadeça de nós" (Sl 123:2), batendo "à porta" (Lc 12:36; Mt 7:7). Isso sugere que a porta da graça nunca fica aberta, ou que podemos ter um acesso eficaz a Deus, até que Ele, avisado, e por assim dizer, empolgado por nossa sincera importunação, se compraza em ouvir, mostrar-se e vir até nós.

E esse argumento prático também se aplica, pois há algumas coisas boas absolutamente necessárias para nossa vida espiritual e bem-estar (como estar livre das más inclinações, afeições desordenadas, hábitos cruéis e erros nocivos;[21] a presença e influência santificadoras do Espírito Santo de Deus, com as graças benditas e os seus doces frutos; crescimento em virtudes, deleite nas coisas espirituais, o senso do amor e do favor de Deus e coisas semelhantes). Por uma

---

[21] Vid. Chrys. ad Theod. ii. Opp. Tom. vi.

boa razão isso nos leva a buscar tais coisas perseverantemente, a ponto de nunca descansar ou ficar satisfeitos até que as tenhamos adquirido em perfeito grau, uma vez que jamais podemos ficar sem elas, ou nunca as obter o suficiente. Implorar por outras coisas inferiores pode nos tornar reservados, indiferentes e modestos. No entanto, sobre essas questões (em que toda nossa felicidade está extremamente envolvida) seria loucura ser negligente ou tímido[22] Como não podemos dizer que desejamos isso sem moderação, não podemos supostamente ser imodestos em nossa busca no único local em que isso pode ser encontrado: na presença e na mão de Deus. Sim, isso requer e exige que sejamos zelosos e fervorosos, resolutos e rígidos, livres e ousados, sim, de maneira decisiva e sem máscaras com Deus por elas. Assim, nosso Salvador torna explícito que, comparando o modo de Deus proceder com a maneira dos homens, Ele representa um amigo que presta ao outro o socorro necessário, não apenas por conta da amizade, mas Διὰτὴν ἀναίδειαν, "por causa da importunação" (Lc 11:8), ou seja, por sua confiança e contínua urgência, não admitindo qualquer recusa ou desculpa. Desse modo, Deus, nesses casos, permite e nos compele a nos relacionarmos com Ele, sendo diretos e firmes em nossos pedidos, "nem deis a ele descanso" (Is 62:7 — como a frase dita pelo profeta), não tolerando sermos desencorajados, nem admitindo qualquer rejeição, nunca desanimando, ou nos desesperando, por qualquer demora ou aparente negligência. Podemos lutar com Deus, como Jacó, e com Jacó podemos dizer: "Não te deixarei ir se me não abençoares"

---

[22] Αἰδὼς δ' οὐκ ἀγαθὴ κεχρημένῳ ἀνδρὶ προΐκτῃ. [Hom. Od. xvii. 347.]

(Gn 32:26). Assim, Deus se permitiu se deixar vencer voluntariamente; assim a Onipotência pode ser dominada, e uma feliz vitória conquista a própria invencibilidade. Às vezes o Céu pode ser forçado por uma tempestade (ou acometido por orações extremamente fervorosas); com certeza cederá a um extenso cerco. Deus jamais se insurgirá contra as tentativas de um suplicante obstinado. Então, "o reino dos céus é tomado por esforço, e os que se esforçam se apoderam dele" (Mt 11:12). Lemos no evangelho de São João sobre um homem que, estando doente há 38 anos, esperou por auxílio no tanque de Betesda. Nosso Senhor teve compaixão dele e o ajudou, coroando sua paciência com um auxílio milagroso e fazendo disso um exemplo de perseverança para nós [23] (Jo 5:5). Diz-se que o patriarca Isaque: "orou ao Senhor por sua mulher, porque ela era estéril; e o Senhor lhe ouviu as orações, e Rebeca, sua mulher, concebeu" (Gn 25:21).

Diante disso, São Crisóstomo observa que ele tinha perseverado 20 anos nessa petição.[24]

Temos muitas garantias do sucesso dessa prática nas Escrituras: "Bom é o Senhor para os que esperam por Ele, para a alma que o busca"[25] (Lm 3:25); "bem-aventurados todos que nele esperam" (Is 30:18); "os que esperam em mim não serão envergonhados" (Is 49:23); "dos que de ti esperam, ninguém será envergonhado" (Sl 25:3 e 37:9); "mas os que esperam no Senhor renovam as suas forças, sobem com asas como águias, correm e não se cansam, caminham e não se

---

[23] Vid. Chrys. Orat. xl. Opp. Tom. v. [p. 266.] et in Joh. Hom. xxxvi. Tom. ii. [p. 700.]
[24] Vid. Orat. lxviii. Tom. vi. [p. 701.]
[25] "Buscando a Deus, a paráfrase de um homem religioso". —Salmo 14:2.

fatigam" (Is 40:31). Assim, Deus assegurou por Sua Palavra e empenhou-se por promessa que atenderá a devoção constante e paciente, a fim de que nunca falte um exemplo bem-sucedido (1Cr 28:9; 2Cr 15:12; Ed 8:22, Sl 9:10; 10:4; 24:6; 69:6; 70:4; 119:2; Am 5:4).

Sem essa prática, não podemos de fato esperar obter essas coisas preciosas. Elas não virão facilmente nem serão concedidas através de canção. Um desejo desleixado ou dois não podem trazê-las do Céu. Deus não as fornecerá no primeiro pedido, ou as negociará por um torrão, mas Ele as concederá quando em constante solicitação e gradual comunicação. Assim, Sua sábia boa vontade, por muitas razões especiais, o dispõe a prosseguir, para que possamos (como nos convém) permanecer sob um contínuo senso de nossa impotência e penúria naturais, de nossa dependência de Deus e da obrigação para com Ele pelo livre recebimento dos melhores dons. Que, por alguma dificuldade de os adquirirmos, possamos ser lembrados do seu valor e sejamos mais induzidos a valorizá-los, para que, ao procurá-los sinceramente, possamos melhorar nossos anseios espirituais e despertar afeições sagradas. Que, por muito conversar com o Céu, nossa mente possa elevar-se acima de coisas terrenas e nosso coração seja purificado de desejos sórdidos. Que possamos ter um empenho constante coerente com as melhores capacidades de nossa alma, dignos de nosso cuidado e dor, gerando em nós benefício muito sólido e puro deleite. Resumindo, para que, por nosso maior esforço na prática religiosa, possamos obter recompensa mais ampla.

Portanto, exatamente pela mesma razão que oramos, devemos orar com perseverança. Não oramos para instruir ou aconselhar a Deus, nem para lhe contar as novidades ou informá-lo de nossas necessidades. O nosso Salvador nos diz que as sabe "antes que lho peçais" (Mt 6:8). Não oramos à força de argumentos para persuadir Deus e fazê-lo curvar-se a nós. Não oramos a Ele para que, por meio de um discurso justo, possamos persuadi-lo ou comover os Seus afetos para conosco por causa de orações cheias de comoção emocional. Não somos obrigados a orar por nenhum desses propósitos. Mas, para que isso venha a acontecer, é preciso que perseveremos e prossigamos, porque a oração é uma ferramenta adequada para melhorar, enobrecer e aperfeiçoar a nossa alma, pois a oração gera as mais sagradas afeições, as satisfações mais puras e resoluções mais dignas. A oração nos permite desfrutar da felicidade e nos conduz para a atingirmos. A devoção é prescrita para esses fins. A perseverança é necessária para atingirmos esses propósitos (orar descuidadamente aos trancos e barrancos não é o suficiente para os atingir). Portanto, exige-se de nós a perseverança incessante. Além disso:

V. *Orar incessantemente* pode significar que entrelaçamos exclamações de oração e louvor em meio às nossas ocupações e em todas as circunstâncias, elevando o nosso coração a Deus e o exaltando com expressões de louvor que se adequam ao momento em que se apresentam. Isso, quase se aproxima do que o nosso texto prescreve e parece ser uma exigência de São Paulo, quando ele nos pede para "Orar em todo tempo" Ἐν πνεύματι, "no Espírito" e para louvar e cantar Ἐν τῇ Καρδία, "em vosso coração" (Ef 6:18,19; Cl 3:16), ou seja, com elevações muito frequentes de espírito em pensamentos santos e desejos em direção ao Céu, com oportunos lamentos do coração, direcionando gratidão e louvor a Deus. Não podemos jamais conceber ou dar vazão a longas orações com os nossos lábios, mas quase sempre a nossa mente pode lançar olhares piedosos, nosso coração pode disparar bons desejos ao alto, de modo que dificilmente qualquer momento (qualquer espaço de tempo considerável) passará sem alguns claros lampejos de devoção.[26] Como a respiração corporal, sem interrupção ou impedimento, coincide com todas as nossas ações, assim também a respiração da alma, que preserva nossa vida espiritual e ventila a chama sagrada dentro de nós, pode agir em conjunto com todas as outras ocupações.[27] Pois a devoção é de natureza tão espiritual, tão sutil e penetrante, que nada pode excluí-la ou obstruí-la. Nossa mente é tão ágil e ativa, que nenhum assunto pode acompanhar seu ritmo ou exaurir sua atenção e atividade. Jamais podemos estar tão plenamente ocupados com qualquer atividade, a não ser que ocorram diversas lacunas de tempo em que nossos pensamentos e afeições sejam desviados para outros assuntos. Como um homem avarento, o que quer que estiver fazendo, estará preocupado com suas malas e tesouros; um homem ambicioso estará planejando suas tramas e projetos; um homem sensual estará pensando em sua comida; um homem lascivo estará adorando seus amores; um homem estudioso estará refletindo sobre seus conhecimentos. Cada homem, de acordo com

---

[26] *Sed non satis perspiciunt, quantum natura humani ingenii valeat: quae ita est agilis et velox, sic in omnem partem, ut ita dixerim, spectat, ut ne possit quidem aliquid agere tantum unum: in plura vero, non eodem die modo, sed eodem temporis momento, vim suam impendat.*—Quint. i. 12. [2.]

[27] Μνημονευτέον γὰρ θεοῦ μᾶλλον ἢ ἀναπνευστέον καὶ, εἰ οἷόν τε τοῦτο εἰπεῖν, μηδὲ ἀ'λλο τι ἢ τοῦτο πρακτέον. —Greg. Naz. [Orat. xxvii. Opp. Tom. i. p. 490 B.]

suas inclinações particulares, alardeará seus afazeres e polvilhará todas as suas ações com cuidados e desejos, tendendo ao desfrute do que ele mais estima e se afeiçoa. Dessa mesma maneira, um bom cristão, em todos os seus compromissos, respira em reflexões devotas e movimentos piedosos de alma em direção ao objetivo principal de sua mente e afeição.[28] A maioria dos assuntos tem grandes lacunas, todos têm algumas falhas, nas quais a devoção pode escorregar. Que nunca sejamos tão urgentemente determinados ou intimamente obstinados com qualquer ocupação (seja alimentando-nos, viajando, negociando ou estudando), mesmo que nada possa ser proibido, mas que possamos juntos nos manter em um pensamento sobre a bondade de Deus e apresentar uma palavra de louvor por ela. Contudo que possamos refletir sobre nossos pecados e dar um suspiro penitente por eles. Que possamos descobrir nossa necessidade pelo auxílio de Deus e entregar-lhe um breve pedido: um *Deus seja louvado*, um *Senhor tenha misericórdia*, um *Deus abençoe*, ou *Deus me ajude*, absolutamente não interromperá ou prejudicará nossa conduta.[29] Como os cuidados e desejos mundanos muitas vezes se intrometem e se infiltram em nossas devoções, desviando-as e profanando-as, da mesma forma os pensamentos espirituais e afeições sagradas podem se infiltrar em nossas atividades seculares e as santificar. Essa prática é muito possível e não é menos adequada, pois, se os nossos esforços não forem assim temperados, eles podem não conter vida verdadeira ou sabor. Em si mesmos estarão

---

[28] Vid. Chrys. Orat. v. in Annam. Opp. Tom. v. [pp. 77, 78.]
[29] Εἰπὲ κατὰ διάνοιαν, Ἐλέησόν με, ὁ θεὸς, καὶ ἀπήρτισταί σον ἡ εὐχή. —Chrys. [ubi supra, p. 77.]

mortos e pútridos. Eles ficarão desagradáveis e detestáveis, ou pelo menos sem sabor e insípidos para nós.

Há alguns outros bons significados desse preceito, segundo o qual, as Escrituras Sagradas (apoiadas em um bom argumento) nos obrigam a observá-lo. Mas tais (juntamente com os incentivos gerais à prática desse dever), como não posso mais agora abusar de sua paciência, reservarei para outra oportunidade.[30]

---

[30] Esta seleção é extraída de Alexander Napier, ed., *As Obras Teológicas de Isaac Barrows, D. D. Mestre do Trinity College. Em Nove Volumes. Volume I. Contendo Quinze Sermões em Várias Ocasiões* (Cambridge: Impresso na University Press, 1859, The Spurgeon Library, Midwestern Baptist Theological Seminary, Kansas City, Missouri), 293–312.

DO DEVER DA ORAÇÃO

(Sermão 9)

Orai sem cessar.
—1 Tessalonicenses 5:17

Expus anteriormente o que a oração ordenada por São Paulo significa e sobre como deve ser universalmente entendida por todos os tipos de devoção. De acordo com os vários sentidos (fundamentados nas Escrituras Sagradas, e reforçados por um bom argumento), podemos cumprir esse dever incessantemente, declaramos na ocasião. Cinco desses sentidos mencionamos e praticamos. Acrescentarei agora mais dois ou três, e insistirei neles.

VI. *Orar*, então, *incessantemente* pode implicar que separemos certos momentos, e convenientemente nos retiremos para a prática da devoção, e os observemos cuidadosamente. Para manter os judeus em um exercício constante de adoração divina, Deus constituiu um sacrifício, que foi chamado de *Tamidh*, (Ἡδιαραντὸς θυσία), O *sacrifício contínuo* (Dn 8:11; Hb 13:15; Ne 10:33). E como esse sacrifício era constantemente oferecido em momentos determinados, foi nomeado contínuo. Dessa maneira, quando observamos pontualmente as oportunidades de devoção, podemos dizer que oramos incessantemente.

Há grandes motivos para que assim o façamos. Pois, sabemos que todas as pessoas que não desejam levar uma vida desregrada e desleixada, mas a planejam com boas firmeza e vantagens para seguir um curso de ação ordenado, costumam distribuir seu tempo em várias porções. Essas pessoas atribuem alguma parte do tempo à nutrição necessária de seus corpos, ao conveniente relaxamento de suas mentes, à realização de seus afazeres comuns e tempo para conversas familiares e trocas de bons relacionamentos com seus amigos.[31] Elas consideram que se não o fizerem se tornarão incertas e *inconstantes em todos os seus caminhos* (Tg 1:8). E nessa distribuição do tempo, a devoção certamente não deve faltar. A prática da devoção reivindica com justiça que a melhor porção lhe seja atribuída, por ser incomparavelmente a parte mais nobre de nosso dever e a principal preocupação de nossa vida. Alimentar nossa alma e nutrir nossa vida espiritual revigora o nosso espírito com esses não menos agradáveis do que exercícios saudáveis e conduz nossa comunicação e relacionamento com o Céu. Melhorar a nossa intimidade e interesse por Deus são assuntos que, acima de todos os outros, mais merecem e mais precisam ser assegurados. Eles não devem, portanto, ser deixados ao acaso, para serem feitos, diga-se de passagem, como por acaso ou como

---

[31] *Cur ipsi aliquid forensibus negotiis, aliquid desideriis amicorum, aliquid rationibus domesticis, aliquid curæ corporis, nonnihil voluptatibus quotidie damus?* —Quint. i. 12. [7.]

a imaginação nos conduz. Se não designarmos horários vagos e fixarmos retornos periódicos para devoção, envolvendo-nos com determinação, e, pelo uso constante, habituarmos nossa mente à estrita observância deles, afastando deles todos os outros afazeres, seremos com frequência perigosamente tentados a negligenciá-la. Ficaremos comumente apáticos a ela, propensos a adiá-la, facilmente seduzidos a nos afastar dela pela invasão de outros assuntos, ou atração de outros prazeres. É necessário que nossa alma também (não menos que o nosso corpo) tenha suas refeições, estabelecidas em tais intervalos como a manutenção de sua vida, como sua saúde, força e vigor exigem. É preciso que não morram ou definhem por falta de refeições na hora certa, que o bom apetite possa surgir devidamente, inspirando e as instigando, para que preservem o temperamento saudável e a robusta constituição da alma.

As orações são os baluartes da piedade e da boa consciência, as quais devem ser colocadas de modo a flanquear e aliviar umas às outras, junto aos espaços intercalados de nossa vida, para que o inimigo — "O pecado que tenazmente nos assedia" (Hb 12:1) — não possa intervir, ou a qualquer momento nos atacar, sem uma força suficientemente próxima de alcançá-lo e repeli-lo.

Ao determinar essas estações e medidas de tempo de acordo com a justa proporção (pesando as várias condições, capacidades e circunstâncias de cada pessoa), a prudente honestidade deve arbitrá-la, pois deve ser feita alguma diferença entre um comerciante e um monge, entre os que seguem uma corte e os que residem num claustro ou convento. Alguns homens consomem muito de seu tempo e ocupam seus pensamentos com grandes encargos de atividades e deveres que, por necessidade, lhes é imposto. Deles, não se pode justificadamente exigir regressos tão frequentes, nem orações de longa duração, como daqueles que desfrutam mais do ócio abundante e liberdade de pensamentos. Mas todos podem e devem permitir alguns momentos mais adequados, sem que nenhuma distração nas atividades e cuidados roube tais momentos.

Certas épocas e períodos próprios da natureza (que correspondem aos seus inalteráveis ciclos) parecem definir e prescrever o que o profeta real recomenda, quando diz: "Bom é render graças ao SENHOR e cantar louvores ao Teu nome, ó Altíssimo, anunciar de manhã a Tua misericórdia e, durante as noites, a Tua fidelidade" (Sl 92:1,2; 55:17). Todos os dias nos recuperamos e recebemos uma nova vida de Deus. Todas as manhãs começamos as atividades ou as reiniciamos. Depois, deixamos o nosso leito de descanso e segurança expondo-nos aos cuidados e labutas, aos perigos, problemas e tentações do mundo. E especialmente por isso, é justo que apresentemos ações de graças ao Gracioso que preserva a nossa vida, que fielmente nos restaura e conforta. Que desejemos com afinco Sua direção e auxílio ao cumprirmos nossos honrados afazeres. Que nós e nossos negócios estejam sob a Sua proteção contra o pecado e transgressões. Que, oferecendo-lhe as primícias de nossos trabalhos cotidianos, as consagremos e dediquemos à Sua bênção. Que, como hábito, saudemos a todos e, com humilde reverência, nos aproximemos principalmente dAquele que está sempre presente conosco e continuamente atento a nós. Dessa maneira, a devoção é singularmente mais oportuna visto que estamos mais dispostos a exercê-la quando a nossa mente está menos obcecada e incomodada com outros cuidados, quando nossa imaginação torna-se mais criativa e alegre, quando nossa memória ressurge vigorosamente e o nosso espírito se enriquece e fortalece.

Todas as noites, a razão também nos exige que encerremos nossas atividades e todos os nossos afazeres com devoção. Que bendigamos a Deus por nos preservar graciosamente dos múltiplos perigos e pecados pelos quais permanecemos detestáveis. Exige que imploremos a Sua misericórdia pelas múltiplas negligências e transgressões de nosso dever, que ao longo do dia incorremos. Que quando a nossa mente estiver tão cansada do estudo e dos afazeres, nosso espírito tão consumido pelo trabalho e labuta a ponto de não podermos mais nos suster, mas por nossa própria vontade nos colocamos em uma postura de morte, entreguemos, como homens moribundos, nossa alma nas mãos de Deus. Que depositemos nós mesmos e nossas preocupações sob Sua custódia, o único "que não dormita nem dorme" (Sl 121:4), orando para que Ele nos guarde de todos os perigos e perturbações que incidem sobre nós nesse estado de esquecimento e *interregno* de nossa razão. Que Ele nos conceda um ressurgimento feliz, seguro e saudável, com a mente vivaz e alegre, capacitando-nos, a, partir de então, nos divertirmos e a servi-lo com alegria.

Assim, se buscarmos definir nossos dias dedicando momentos preciosos ao serviço de Deus, uma vez que o início e o fim fazem parte do todo, como ao estilo de Moisés, *Tarde e Manhã* (Gn 1) fazem parte de um dia, podemos ser coerentes e afirmar que oramos incessantemente.

Especialmente se entre esses dois extremos temos o hábito da devoção, pois, como o nosso espírito um tanto abalado e exausto normalmente precisa de um auxiliador para nos capacitar a vencer o dia pleno de afazeres, seria, portanto, bom e talvez necessário nos alimentarmos com a prática da oração para renovar nossa alma com sustento espiritual retirado do depósito infindável da graça divina. Isso pode nos fortalecer de tal forma que, com vigor e entusiasmo renovado, poderemos cumprir os nossos deveres para a honra de Deus e nosso próprio consolo. Diante disso, o salmista, esse grande mestre da devoção, determina que a pratiquemos dizendo: *"À tarde, pela manhã e ao meio-dia, farei as minhas queixas e lamentarei"* (Sl 55:17). O costume do nobre Daniel era exatamente esse, e nenhuma ocasião ou perigo poderia detê-lo. Diz a história que *"três vezes por dia, se punha de joelhos, e orava, e dava graças, diante do seu Deus"* (Daniel 6:10).

Esses são tempos em que é necessário, ou muito oportuno, que todos os homens (mesmo pessoas de alto nível e cargos) observem esse hábito, pois mesmo outrora essas eram as práticas de pessoas religiosas. Não eram expressamente prescritas pela lei de Deus, mas assumidas por elas mesmas, e considerava-se boa ideia sugeri-las aos primeiros praticantes bem como o exemplo sábio de homens piedosos que o tinham aplicado.

Na verdade, o próprio Deus em Sua lei, ou por meio dos Seus profetas, designou celebrações públicas e solenes de adoração a Ele, em sacrifícios (que envolviam orações e suas práticas) constantemente oferecidos todas as manhãs e noites (1Cr 16:40,41; 23:30; 2Cr 2:4; Ed 3:3). Os príncipes religiosos também instituíam serviços de ação de graças e louvor a serem realizados nessas ocasiões, mas não aparece qualquer instituição direta de devoção particular, ou suas circunstâncias. Essa prática parece originalmente ter sido puramente voluntária, administrada e mensurada de acordo com o motivo, pela escolha de cada pessoa. Ainda assim, a prática de ter homens eminentemente bons liderando, e outros os seguindo, tornou-se uma espécie de lei comum ou regra permanente (parecendo carregar uma responsabilidade com ela) de observar os tempos especificados.

Além dessas três vezes, havia outros horários intermediários observados por pessoas devotas que possuíam alegria e disposição de mente. Uma vez entre a manhã e o meio-dia, e uma vez entre o meio-dia e a noite, elas se recolhiam para esse propósito. Daí que, em Atos, a nona hora do dia (ou seja, o intervalo entre o meio-dia e a noite) é chamada de "Hora da Oração" (At 3:1). Sim, alguns se impuseram à observação de duas outras vezes, uma entre a noite e a meia-noite, a outra entre meia-noite e a manhã, para quais práticas os Salmos parecem aludir: "Com júbilo nos lábios, a minha boca te louva, no meu leito, quando de ti me recordo e em ti medito, durante a vigília da noite. Antecipo-me ao alvorecer do dia e clamo; na Tua palavra, espero confiante" (Sl 63:5,6; 119:147,148). E claramente o número desses horários que o salmista observou está expresso nestas palavras: "Sete vezes no dia, eu te louvo pela justiça dos teus juízos (Sl 119:164). Quem optar por seguir tais exemplos (em qualquer medida) deve fazê-lo de forma sábia e louvável. Ele certamente não terá do que se arrepender. Descobrirá que vale muito a pena. Grande benefício e consolo se acumulará para ele.

Se, de fato, os judeus eram tão liberais em suas atribuições, tão pontuais em conceder tais porções de tempo para render louvores e oferecer súplicas a Deus, quanto mais desobrigados e prontos, mais cuidadosos e diligentes nós devemos ser em relação a essa prática! Nós que temos uma religião tão mais espiritual e isenta da dificuldade corpórea, preceitos tão mais explícitos e claros, obrigações muito mais elevadas e os encorajamentos mais fortes para cumprir esse dever, a quem Deus de maneira tão graciosa convida, tão poderosamente atrai para Ele mesmo. Porém além disso:

VII. Mais especialmente, esse preceito pode exigir de nós que observemos e reverenciemos cuidadosamente os horários de devoção ordenados pela autoridade pública ou estabelecidos pelo costume geral (Lv 19:30; 26:2). Isso, em sentido popular e jurídico, significa fazer algo constantemente, e o fazemos com a frequência exigida pela lei ou costume. O apóstolo aos hebreus diz que os sacerdotes entram continuamente no primeiro tabernáculo para realizar os serviços sagrados (Hb 9:6), ou seja, em todos os momentos solenes designados. E, a respeito dos apóstolos, São Lucas afirma que eles "estavam sempre no templo, louvando a Deus" (Lc 24:53), ou seja, eles "estavam sempre no templo" nos momentos designados para oração. Essa boa argumentação também é claramente recomendável para que o seu descuido não seja apenas um comportamento inadequado numa questão de grande consequência, um desrespeito criminoso e desobediência à autoridade, um desprezo escandaloso pelos nossos vizinhos, de cujo hábito louvável nos afastamos, um abandono errôneo do público — a cujo bem, promovido principalmente pela adoração pública a Deus, devemos a contribuição de nosso esforço; mas é também a mais odiosa afronta ao Deus Todo-poderoso, que assim é claramente desonrado e abertamente rejeitado —, um imenso preconceito em relação à religião, o mérito e o poder do qual, sem profissão visível, cumprimento exemplar, consentimento mútuo e encorajamento, não pode ser mantido. Houve tempos em que, por lei ou costume, era definido (de fato, em alguns lugares ainda é assim) que todos os homens eram obrigados a comparecer solene e pessoalmente diante de seu príncipe para professar sua lealdade ou prestar-lhe deferência. Os que se recusassem a comparecer voluntariamente não deveriam ser acusados justamente de o ter desonrado e ofendido? Essa violação não seria prova suficiente de que não o reconhecem, ou pelo menos de que não o consideram ou o valorizam? Portanto, ao não nos reunirmos em tempos designados para a celebração do culto divino, também podemos ser considerados como quem nega inteiramente a Deus, ou entre os que muito o inferiorizam considerando a religião sem importância, como algo insignificante e pouco benéfico. Não é verdade que com essa atitude implicamos que pouco cremos em Deus como nosso Senhor e Autoridade soberana, que não ficamos maravilhados ou sentimos temor por Ele, que não somos muito sensívcis a Seus benefícios e misericórdias, que nele depositamos pouca confiança ou esperança, que não nos consideramos muito necessitados de Sua proteção, Sua orientação, Sua ajuda, Seu favor e misericórdia? Na verdade, não somos como aqueles no livro de Jó que "disseram a Deus: Retira-te de nós! Não desejamos conhecer teus caminhos. Que é o

Todo-Poderoso, para que nós o sirvamos? E que nos aproveitará que lhe façamos orações?" (Jó 21:14,15)? Assim, os que nos observam comumente (uns que se ofendem, outros que se corrompem por nosso mau exemplo) interpretarão essa negligência. Com certeza, o próprio Deus nos tirará isso e tratará conosco de acordo. Assim, Ele reivindica esse reconhecimento público que lhe é devido e proclama pela boca de um de Seus grandes arautos: "Tributai ao Senhor, filhos de Deus, tributai ao Senhor glória e força. Tributai ao Senhor a glória devido ao seu nome, adorai o Senhor na beleza da santidade" (Sl 29:1,2; 66:2). Portanto, se para Sua ofensa e desonra nos recusarmos a render-lhe glória, certamente receberemos como recompensa o Seu ressentimento. Assim como não nos importamos em servi-lo, Ele não se importará em nos abençoar. Assim como não estamos prontos a confessá-lo e glorificá-lo, da mesma maneira Ele não estará disposto a nos ter para si e agraciar, pois como "o negamos diante dos homens, também Ele nos negará diante deles também" (Mt 10:33; Lc 9:26; 2Tm 2:12). Que outra medida podemos realmente imaginar ou esperar receber? Será que pensamos que Deus será tão parcial e afeiçoado a nós, tão indiferente e aviltante consigo mesmo a ponto de se atrever a aparecer em nosso favor, quando não nos dignamos a aparecer em respeito a Ele? Será que Ele defenderá publicamente a nossa reputação, quando aparentemente desrespeitamos Sua honra? Será que Ele usará Sua sabedoria, ou exercerá Seu poder, em nosso favor, quando dificilmente teremos um pensamento, ou daremos um passo pelo Seu serviço? Podemos esperar que Ele voluntariamente conceda prosperidade aos nossos empreendimentos, quando não nos importamos ou desprezamos a Sua ajuda? Será que Ele nos concederá bênçãos imerecidas, quando retemos os louvores devidos a Ele? Será que de algum modo Ele se mostrará generoso e misericordioso para conosco, quando tão claramente somos injustos e ingratos para com Ele? Não, "certamente, Ele escarnece dos escarnecedores" (Pv 3:34), e, "os que [o] desprezam serão desmerecidos" (1Sm 2:30). Por isso Ele ameaçou expressamente e, sabendo que Ele é infalivelmente verdadeiro e invencivelmente capaz, podemos sensatamente crer que o Senhor cumprirá a Sua Palavra.

VIII. Por último, em geral *orar incessantemente* pode significar a frequência na devoção. Pelo menos é isso que essas palavras implicam ou como são interpretadas quando são necessariamente usadas. Pois "incessantemente" não pode implicar menos do que "frequentemente". Em nenhum sentido tolerável podemos dizer que o façamos continuamente se o fazemos raramente. Mas é comum dizer que o homem faz isso sempre, que está acostumado a isso e o faz com frequência. Assim como se diz do piedoso soldado Cornélio, que "fazia muitas esmolas ao povo e, de contínuo, orava a Deus" (At 10:2), e da profetisa Ana, que "não deixava o templo, mas adorava noite e dia em jejuns e orações" (Lc 2:37), ou seja, ela frequentemente ia ao Templo e servia a Deus assiduamente. Como as palavras podem carregar e incluir esse sentido, o argumento do caso o reforça, pois é muito justo, muito apropriado, muito necessário agir dessa forma. Temos sempre às mãos abundantes razões para devoção, portanto, por questão de conveniência, não deveria se passar muito tempo sem ela. Há muitas situações que dependem sempre dela. Deve haver muitas causas perpetuamente dependentes da devoção, e, ao considerarmos isso, não se permite longos períodos sem a oração. Como em todos os momentos participamos de grandes dádivas pela misericórdia e generosidade de Deus, também deveríamos frequentemente agradecer e louvá-lo por elas, pois é notadamente ingratidão e iniquidade receber sempre favores e raramente retribuir com agradecimentos. Frequentemente (e de forma contínua) caímos em pecado, portanto, muitas vezes, somos obrigados a confessar pecados, afastarmos a ira e implorarmos por misericórdia. Do contrário, teremos de nos curvar por muito tempo sob o fardo doloroso da culpa, do triste pavor da punição, das amargas agonias do remorso ou do perigo terrível da estúpida teimosia. Seja o que quer que planejarmos ou empreendermos, para o bom gerenciamento e sucesso, nós (criaturas ignorantes e impotentes) precisaremos da orientação, da ajuda e da bênção de Deus. Diante disso, muitas vezes é necessário que a busquemos e que imploremos por ela. Caso contrário, não apenas transgredimos nossos deveres, mas negligenciamos ou traímos ingenuamente nossos próprios interesses. Sendo as causas da devoção tão frequentes, seus efeitos também deveriam ser equivalentes.

Tal frequência é, de fato, necessária para a geração, a nutrição, o crescimento e o aprimoramento de toda a piedade. A devoção é esse fogo sagrado e celestial que lança a luz do conhecimento espiritual em nossa mente, que acende em nosso coração o calor dos anseios sagrados. Se, portanto, continuarmos muito ausentes dela, uma noite de escuridão se espalhará em nossa mente, um frio sufocante se apoderará de nossas afeições. É o melhor alimento de nossa alma, que preserva sua vida e saúde, que restaura a sua força e vigor, que as torna vigorosas e ativas. Se, portanto, nos abstivermos dela por muito tempo, morreremos de fome ou definharemos. Seremos fracos e débeis em todos os cumprimentos religiosos. Ou não teremos absolutamente qualquer devoção, ou a teremos muito abatida e escassa.

Precisamos das contínuas provisões da graça de Deus para manter em nós uma contínua e resoluta disposição à obediência, para corrigir nossas inclinações perversas, para coibir nossas paixões desenfreadas, para fortalecer-nos contra tentações e para consolar-nos em momentos de ansiedade e angústia. Essas provisões da graça de Deus normalmente nos são concedidas na devoção, sendo esse o canal que transmite, ou o instrumento que ajuda a alcançá-la, ou a condição sobre a qual ela é concedida. Fé, esperança, amor, conforto espiritual e alegria, todas essas dádivas divinas são desse modo obtidas, expressas, exercidas principalmente na devoção. É, portanto, necessário que seja usada com frequência. Do contrário, estaremos em perigo de falhar em realizar nossos principais deveres e desejar as melhores dádivas.

A frequência da devoção também mantém a comunhão com Deus, que é a alma da piedade. A conversa informal (em que as pessoas expressam seus pensamentos e afeições mutuamente) constrói amizades e valoriza a boa vontade das pessoas umas com as outras; por outro lado, a longa privação dissolve ou enfraquece os laços de amizade, rompe sua intimidade e esfria sua bondade. Assim é em relação a Deus. É a conversa frequente com Ele que gera o relacionamento íntimo, a consideração cuidadosa, o amor sincero, o sabor delicioso de Sua bondade e, consequentemente, a sincera e sólida boa vontade em relação a Ele. Em contrapartida, a interrupção produz afastamento ou inimizade em relação a Ele. Se raramente vamos a Deus, pouco o conheceremos, pouco nos importaremos com Ele, raramente nos lembraremos dele, seremos insensíveis ao Seu amor, e, independentemente de Seu favor, a frieza, a timidez, o desgosto e a antipatia em relação a Ele crescerão gradativamente em nós. A abstinência de Sua companhia e presença nos lançará em conversas destrutivas ou prejudiciais à nossa comunhão com Ele. Nessa situação, logo, adquiriremos intimidade e amizade com Seus inimigos (o mundo e a carne), que são inconsistentes com o amor a Ele, o que nos levará a esquecê-lo, ou a não gostar dele e odiá-lo.

Resumindo, apenas a constância da devoção pode garantir sua prática, pelo menos a prática devidamente qualificada, tão amável, tão tranquila, tão doce e prazerosa como deveria ser. Todos nós temos uma aversão natural ou indisposição como se exigíssemos a abstração de pensamentos e afeições de coisas sensatas, e uma fixação em objetivos puramente espirituais, uma elevação de nossos espíritos pesados acima de sua inclinação comum, uma fixação e resolução de nossas imaginação errante, uma transformação de nosso coração vaidoso numa estrutura sóbria e firme, agradável à devoção. Realizar essas coisas não é uma questão de pequena dificuldade e dor, que, portanto, sem muita utilização e exercício, não podem ser feitas, mas que com devoção podem. Que pela prática frequente, pela mudança de inclinação de nosso coração, cesse sua estranheza, a dificuldade da obra seja superada e obtenhamos uma boa disposição em relação ao dever e grande satisfação nesse sentido.

Isso tornará o caminho à presença de Deus mais suave e transitável, removendo todos os outros obstáculos, particularmente aqueles do medo e dúvida em relação a Deus, que podem nos impedir ou nos desencorajar de nos aproximarmos dele. Sendo Deus muito santo e puro, grandioso e glorioso, nós, conscientes de nossa corrupção e vileza, podemos ter medo e vergonha de nos aproximarmos dele. Mas, quando chegamos em Sua presença e descobrimos que "tal como é Sua majestade, tal é Sua misericórdia", (conforme o texto apócrifo Eclesiástico 2:18), e quando provamos e vemos "que o SENHOR é bom" (Sl 34:8), quando por experiência sentimos que na Sua presença "há plenitude de alegria" (Sl 16:11), fartando-nos "da abundância da tua casa" (Sl 36:8) tendo nossa alma "farta como de banha e de gordura" (Sl 63:5), constatando que "um dia nos teus átrios vale mais que mil" (Sl 84:10) vividos em outro lugar, percebendo que Ele nos recebe, que nos trata gentilmente e nos despede renovados com os mais doces consolos e recompensados com os mais excelentes benefícios, isso não apenas reconciliará nosso coração à devoção, mas nos atrairá para um desejo cordial e sincero por ela, assim como o salmista expressa quando diz "a minha alma suspira e desfalece pelos átrios do SENHOR; o meu coração e a minha carne exultam pelo Deus vivo" (Sl 84:2). Isso nos envolverá em resoluções firmes de constante prática, como a mesma pessoa santa declara novamente nestas palavras: "Amo o SENHOR, porque ele ouve a minha voz e as minhas súplicas. Porque inclinou para mim os seus ouvidos, invocá-lo-ei enquanto eu viver" (Sl 116:1,2).

Consequentemente, em vez de um distanciamento suspeito, um temor servil ou desinteresse hostil em relação a Deus, surgirá a confiança humilde, a reverência bondosa, o amor sincero pelo Senhor, que em todas as ocasiões nos levam a Ele, esperando por Seu socorro amigável, ansiando por Seus abraços gentis. Dessa mesma maneira, a constância na devoção a torna simples e agradável. Considerando que, ao contrário, seu desuso a tornará difícil e enfadonha a qualquer momento, fortalecendo e aumentando nossa natural aversão por ela. Se raramente praticarmos a devoção, jamais a faremos bem, com a atenção, afeição, solicitude, disposição e entusiasmo que lhe são devidas.

De acordo com tantos sentidos, em tantos aspectos, podemos e devemos observar esse preceito. Portanto, a partir disso, para orar continuamente não precisamos de uma boa exceção ou uma desculpa adequada. Os apelos mais comuns que serão alegados para sua omissão são dois: um extraído de distrações externas, o outro de indisposições internas que o obstruem. Ambos estão tão longe de serem bons que, sendo examinados cuidadosamente, em breve parecerão servir mais para agravar do que para desculpar ou diminuir a negligência.

1. Um diz: "Não posso atender agora as orações, porque não estou livre, nem de folga. Estou sendo chamado com urgência para outro lugar e envolvido de outras formas com assuntos importantes". Descreveremos neste momento o quanto é falsa essa desculpa, fazendo algumas perguntas:

a) Consideramos a devoção em si como algo não importante ou a ser desconsiderado? Quando entregamos a Deus o que lhe é devido, ou cumprimos nossos deveres com Ele, quando ansiamos por Sua ajuda ou misericórdia, quando lhe pedimos pelas principais necessidades de nossa alma (sim, de nosso corpo e também do que lhe diz respeito), presumimos que estamos ociosos ou pouco empenhados, que desperdiçamos nosso tempo ou que nossos sofrimentos foram em vão?

b) Que outros assuntos podemos ter de maior importância ou necessidade do que esse? Pode haver alguma obrigação mais indispensável do que a de render o devido respeito e serviço ao nosso Criador, nosso grande Protetor, nosso Benfeitor mais generoso? Pode haver algum interesse mais íntimo ou intenso do que esse de prover a saúde e a felicidade eterna de nossa alma? Não é essa, de fato, a principal obra, "a boa parte" (Lc 10:42; Jó 23:12), em comparação com as outras ocupações que são meramente insignificantes ou inúteis?[32] O que todas as outras atividades significarão, o que acontecerá se for negligenciada? Podemos estar ocupados, podemos labutar, podemos trabalhar eternamente, mas tudo sem propósito. Todo o nosso cuidado, com efeito, é imprevidência, toda a nossa atividade pode ser considerada ociosidade, se Deus não for servido, se nossa alma não estiver segura.

c) Se examinarmos e premiarmos todas as atividades mundanas, qual dentre elas parecerão tão importunas a ponto de exigir, tão gananciosas a ponto de devorar, tão dignas ao menos para merecer todo o nosso tempo, a ponto de não podermos separar alguns minutos para manter nosso

---

[32] Αἱ τέχναι τῶν πιστῶν ἐπέργιά εἰσιν· ἔργον δὲ ἡ θεοσέβεια. —Const. Apost. ii. 61. [Cot. Pat. Apost. Tom. i. p. 269.]

mais prazeroso relacionamento e a troca mais recompensadora com o Céu? Quais são as grandes atividades do mundo? O que é senão esforçar-se e lutar por dinheiro, tramar e realizar projetos de ambição, cortejar o favor e respeito dos homens, provisionar para o prazer carnal, satisfazer a curiosidade afetuosa ou o humor vão? E algum desses merece ser colocado na balança? Todos eles juntos serão capazes de influenciar nossos desempenhos espirituais? Essas imagens, esses vultos de atividades, suplantarão ou ocuparão nossa devoção, que adquire riqueza inestimavelmente preciosa, prazer infinitamente satisfatório, honra incomparavelmente nobre acima de tudo que este mundo pode oferecer? Se o gasto de tempo for, como disse o filósofo[33] Πολυτε- λέ-στατον ἀνάλωμα, "O gasto mais precioso" que pode existir, como ele pode ser melhor empreendido do que nas coisas mais valiosas, tal como a devoção que sozinha pode ter a compra e a posse? A verdadeira virtude, a sã sabedoria, a consciência tranquila e a paz constante da mente, o amor e o favor de Deus e uma designação para a alegria e felicidade sem fim são puramente as dádivas do Céu, e de lá elas não descerão por si, mas a oração deve trazê-las para baixo. Se nada no mundo, então, pode ser comparável a essas coisas, como pode algum tempo ser tão bem investido como na oração, que as adquire, que também protege melhor tudo o que temos e é a maneira mais pronta de obter o que queremos?

d) Além disso, não deveríamos, comparando honestamente as coisas, discernir facilmente que não é uma atividade indispensável, mas, sim, um apego louco por dinheiro, alguma

---

[33] Theophr. [Συνεχές τε ἔλεγε πολυτελὲς ἀνάλωμα εἶναι τὸν χρόνον. —Diog. Laert. (Vit. Theoph.) v. 2. 10.]

isca enganadora de prazer, algum arrebatamento encantador de imaginação, que cruza nossa devoção? Não é sempre a visita cortês, o encontro para tagarelar ou beber, o jogo esportivo, a deambulação desenfreada no vício ou na loucura que nos envolve tão profundamente para adiar nosso dever?

e) Sim, o que nos desvia de nossas orações não é comumente a preguiça em vez de afazeres, uma certa aversão em vez da inclinação a qualquer outra atividade? A verdadeira razão pela qual raramente oramos, não é porque estamos muito ocupados, mas porque somos extremamente ociosos. Tão ociosos, que de bom grado não podemos voluntariamente nos dar ao trabalho de desvencilhar as nossas afeições das coisas sensatas, para reduzir nossos pensamentos errantes, ajustar nosso coração na moldura correta, arquear nossas inclinações desfavoráveis ao cumprimento de nosso dever? Não é porque nas orações não sentimos o sabor e satisfação que sentimos em outras atividades triviais e sem valor, que não teremos disposição para isso em nossa alma? Não nos refugiamos em conversas e afazeres apenas para evitar esse relacionamento com Deus e conosco mesmos? Receio que muitas vezes essas são as verdadeiras causas de negligenciarmos a nossa devoção, mais do que quaisquer outros passatempos.

f) Contudo, na verdade, não havia apenas uma devoção falsa ou imaginária, mas uma verdadeira competição entre a devoção e outras atividades lícitas que, dentro dos limites, deveriam contê-la? Conscientemente, qual das duas deve ser rejeitada ou suspensa? Evidentemente, não é melhor que a busca de nossos interesses temporais, sejam quais forem, receba pouco de nossa atenção do que nossos assuntos de consequências eternas sejam muito deixados de lado? Que devemos nos arriscar ao pequeno prejuízo de nosso patrimônio ao invés de certamente prejudicar a nossa alma? Que nos arrisquemos a desapontar ou desagradar um homem do que ousarmos afrontar e ofender o Deus Todo-poderoso?

g) Não seria estranhamente absurdo e descortês dizer que não posso esperar em Deus, porque preciso falar com um amigo? Que não posso ir à igreja, apesar de Deus me chamar, porque preciso ir rápido ao mercado? Que não posso ficar para orar, porque preciso receber um dinheiro, ou fazer uma barganha? Que não posso cumprir meu dever para com Deus, porque uma obrigação maior do que essa recai sobre mim? Que honra inconcebível, que benefício inestimável é que a gloriosa majestade do Céu, incompreensivelmente grande, nos concede a liberdade de nos aproximarmos dele, de conversarmos livremente com Ele, de exigir e obter de Sua mão a provisão de todas as nossas necessidades e a satisfação de todos os nossos desejos razoáveis! É justo ou adequado depreciar Seu favor com tais comparações como pretextos para confundir Sua bondade?

Considerem a situação: nosso príncipe nos chama para falar com ele sobre assuntos referentes ao seu serviço e nosso bem-estar. Estaria de acordo com o dever, discrição ou decência responder que no momento estamos ocupados e que não temos tempo livre, portanto, devemos ser considerados desculpados, mas que, se ele ficar um instante, em outra ocasião, quando tivermos menos o que fazer, estaremos, talvez, dispostos a atendê-lo? A situação é proposta por nosso Senhor nesta parábola em que Deus é representado como um homem importante que havia preparado uma festa e convidado muitas pessoas para ela. Mas elas se desculparam: "Disse o primeiro: Comprei um campo e preciso ir vê-lo. Outro disse: Comprei cinco juntas de bois e vou experimentá-las. E outro disse: Casei-me e, por isso, não posso ir" (Mt 22:2; Lc 14:16). Na verdade, esses assuntos eram importantes para este mundo, mas ainda assim as desculpas não satisfizeram,[34] a pessoa eminente zangou-se e recebeu a negligência com enorme desdém.

h) Além disso, se refletirmos sobre quanto tempo desperdiçamos com nossos assuntos mesquinhos, em prazeres sensuais, em passatempos infrutíferos, em conversas impertinentes, como podemos nos satisfazer em não separar tempo de qualidade para o serviço de Deus, nossa própria salvação e o futuro eterno? Aquele que, com a continuidade de nossa vida, nos concede todo o nosso tempo não merece que uma ninharia desse tempo lhe seja reservada? O mundo pode reivindicar tão grande quantia? A nossa alma (a nossa parte mais nobre, que na verdade é o nosso todo) não pode desafiar justamente uma boa parte do nosso tempo a ser gasto nisso? Ou essa casca mortal absorverá tudo? A eternidade, que compreende todo o tempo, não deve ter tempo dedicado a ela, ou atribuído para seus interesses?

i) Mais uma vez, não é uma grande imprudência organizar nossas atividades de modo que nenhum outro assunto venha frustrar ou afastar a devoção? Com um pouco de diligência, as coisas podem facilmente ser bem ordenadas e, sem interferir ou perturbar, podem muito bem ser compatíveis com todas as outras atividades necessárias e o entretenimento conveniente. Então a diligência não obstruirá

---

[34] "Επειτα ὅτι σκῆψις ταῦτα καὶ πρόφασις,.—Chrys. in Joh. Hom. xi. [Opp. Tom. ii. p. 597.]

tais atividades e entretenimento, nem estes afastarão a diligência, e não seremos muito culpados se não usarmos tanta providência?[35]

j) Na verdade, dedicar-se à devoção não pode ser um obstáculo, mas será de grande proveito para todos os outros bons afazeres. Misturar orações e louvores com eles é a maneira mais segura, mais agradável, mais vantajosa e sucinta de conduzir os assuntos. É o melhor óleo que pode existir para fazer as rodas da ação funcionarem suave e rapidamente. Ela não apenas santifica nossos empreendimentos, mas muito auxilia e ameniza sua gestão. Pois a consciência de termos prestado o devido respeito e serviço a Deus, de termos confiado os nossos assuntos aos Seus cuidados e de termos, consequentemente, nos rendido à Sua proteção e assistência nos induzirá a fazer as coisas com corajosa prontidão e tranquila satisfação. Ela nos encherá com a esperança de prosperar e nos preparará para estarmos satisfeitos com os acontecimentos, sejam quais forem. De fato, essa consciência trará bênçãos e sucessos, a ponto de podermos verdadeiramente nos regozijar e triunfar, conforme a dádiva de Deus em nosso favor. Ao passo que, se negligenciarmos esses deveres, poderemos não usufruir do sólido contentamento ou autossatisfação em nada que empreendamos. Refletir sobre esse mau comportamento (se não formos totalmente infiéis ou réprobos obstinados na impiedade) aniquilará ou diminuirá nossa coragem. Tendo perdido a pretensão pelo socorro de Deus e o provocado a nos contrariar, devemos

---

[35] Πρῶτον μὲν, αὐτὸ τοῦτο ἔγκλημα οὐ μικρὸν, τὸ κυκλοῦσθαι τοσούτων πραγμάτων πλήθει, καὶ τοῖς βιωτικοῖς οὕτω προσηλῶσθαι διὰ παντός, ὡς μηδὲ μικρὰν εἰς τὰ πάντων ἀναγκαιότερα ἄγειν σχολήν. —[Id. ibid.]

esperar a decepção, já que não temos base razoável para esperar o sucesso. Se o sucesso vier, não podemos tomá-lo como bênção nem ficarmos plenamente satisfeitos.

Aquele, portanto, que é tão mesquinho com seu tempo, que se recusa a reservar qualquer parte de suas ocasiões terrenas considerando que o tempo de esperar em Deus é tempo jogado fora, esse é muito esbanjador e pródigo. Por não poupar um pouco, ele desperdiça todo o seu tempo sem propósito; por persegui-lo tão avidamente, em verdade, retarda seus planos; despachando ilogicamente os seus negócios, ele os torna infindáveis, ou totalmente inúteis, o que dá no mesmo.

Em resumo, podemos ter certeza de que nenhum tempo é gasto de forma tão prudente e sábia, com tanta vantagem e frutos tão verdadeiros para nós mesmos, como o tempo empregado na devoção. Nenhum homem pode ser perdedor ao sacrificar seu tempo, seus esforços, sua essência, qualquer coisa que ele tenha ou possa entregar ao serviço de Deus.

Temos também muitos exemplos demonstrando claramente a consistência dessa prática com todas as outras atividades. Quem já teve mais ou maiores situações para administrar e que jamais as gerenciou com maior sucesso do que Davi, sobre quem recaiu o fardo da realeza e o cuidado sobre uma nação muito populosa, a qual "ele apascentou consoante a integridade do seu coração e os dirigiu com mãos precavidas" (Sl 78:72), que travou grandes guerras, derrotou inimigos poderosos, realizou muitas façanhas gloriosas, suportou muitos problemas graves? No entanto, tais situações não puderam distrair ou diminuir de sua mente a constância na devoção: "Bendirei o SENHOR em todo o tempo, o Seu louvor estará sempre nos meus lábios" (Sl 34:1). "A minha boca relatará a tua justiça e de contínuo os feitos da tua salvação" (71:6). "Assista eu no teu tabernáculo" (61:4), "para todo o sempre" (145:2; 35:28). Dessa forma, o salmista declara sua determinação e sua prática. Quem melhor serviu-se disso do que Daniel, primeiro governador sobre um reino tão vasto, ministro-chefe de Estado para o maior monarca da Terra? "Três vezes por dia, se punha de joelhos, e orava, e dava graças diante do seu Deus" (Dn 6:10). Quem pode estar mais envolvido em variedades e complexidades de cuidados, dores, problemas, do que aquele que nos prescreveu essa regra de orar continuamente? Sobre ele "há o que pesa sobre mim diariamente, a preocupação com todas as igrejas" (2Co 11:28) para o sustento de sua vida, "a fim de não ser pesado a nenhum de vós" (2Ts 3:8), para que o evangelho não fosse menosprezado. Ele estava perpetuamente envolvido em todo tipo de trabalho e dificuldade, sempre em confronto com perigos, com necessidades, com inúmeros inconvenientes. No entanto, ele conformava sua prática com suas regras, não sendo menos infatigável e incessante em sua devoção do que em seus afazeres. Quem já comandou um império maior do que Constantino? No entanto, como Eusébio relata "todos os dias, em horários determinados, trancando-se sozinho em particular, ele conversava com seu Deus".[36] Na verdade, os homens mais piedosos nunca foram homens ociosos ou descuidados, mas sempre muito ocupados e ativos, muito dedicados em suas vocações, provedores diligentes às próprias famílias, muito solícitos aos seus amigos, muito prontos para

---

[36] Καιροῖς ἑκάστης ἡμέρας τακτοῖς ἑαυτὸν ἐγκλείων, μόνος μόνῳ τῷ αὐτῷ προσωμίλει Θεῷ. —Euseb. de Vita Const. iv. 22. [Tom. i. p. 637.]

servir seu país, muito generosos em todas as boas obras e sempre muito constantes na devoção. Assim, essa experiência demonstra claramente como a devoção é compatível com muitas atividades, e que, consequentemente, a demanda de um não pode suavizar a negligência do outro.

2. Da mesma forma, nenhum homem pode evitar a culpa atribuindo a negligência da devoção a alguma indisposição dentro dele. Pois isso serve apenas para cobrir uma falha com a outra ou para cobrir com um curativo grande demais para a ferida. É, de fato, dizer que podemos pecar, porque temos inclinação ao pecado, ou que não nos preocupamos em agir de modo contrário. Nossa autoindisposição é criminosa, e, sendo habitual ou estabelecida, é pior do que uma única omissão, portanto, deve ser corrigida e curada. A maneira de corrigir isso é fixar-se agora na prática do dever e persistir resolutamente nisso. Do contrário, como é possível que algum dia ela seja removida? Quanto mais nos abstivermos dela, mais raramente a realizaremos, nossa indisposição ficará com certeza mais forte e mais difícil será removê-la. Mas, se (com qualquer grau de seriedade e boa intenção) nos indispusermos para a oração, podemos então buscar melhor disposição e, pela busca contínua, (com a graça de Deus em nosso favor, que nunca deixa a desejar os que têm intenções sérias e honestas) crescer rumo à perfeita aptidão para isso. A oração se tornará gradualmente natural e agradável a nós.[37]

---

[37] Esta seleção é extraída de Alexander Napier, ed., *As Obras Teológicas de Isaac Barrows, D. D. Mestre do Trinity College. Em Nove Volumes. Volume I. Contendo Quinze Sermões em Várias Ocasiões* (Cambridge: Impresso na University Press, 1859, The Spurgeon Library, Midwestern Baptist Theological Seminary, Kansas City, Missouri), 313–337.

6
Seleção
de
ROBERT HAWKER

CONSELHOS DE CINCO MINUTOS PARA PESSOAS E FAMÍLIAS QUE NÃO ORAM

As grandes e urgentes reivindicações da oração, consideradas como um meio da graça, são de tal maneira plenamente admitidas por todos de bom senso e razão comum como positivas e indispensáveis, que pode haver apenas um personagem sobre a Terra que se atreverá a questionar ou negá-las. Aquele, e apenas aquele, que jogou fora todo o senso de religião e ousou dizer com sua boca o que até agora apenas o *insensato* arriscou-se a sugerir em seu coração: que "não há Deus".

Não é, portanto, para confirmar a positividade do dever nem para convencer quem não queira ser convencido que esses *Conselhos de cinco minutos* são fornecidos, mas para advertir aqueles que professam *crer* com palavras, porém negligenciam colocar em prática que algo mais é necessário além do mero assentimento intelectual em relação aos grandes interesses da religião.

Entre muitas pessoas aparentemente bem intencionadas, não são poucas as que são *quase* cristãs, como Agripa, e, entre outras, os números são, talvez, como muitas que, como Nicodemos, embora tenham Cristo em seu coração, temem professá-lo publicamente. Oxalá *o primeiro* tivesse considerado sinceramente a extrema loucura de hesitar entre duas opiniões, e que o *último* tivesse colocado diante dele essas terríveis frases pronunciadas pelo bendito Autor de nossa religião sobre essa timidez culpável: "O que me negar diante dos homens será negado diante dos anjos de Deus" (Lc 12:9); "Porque qualquer que, nesta geração adúltera e pecadora, se envergonhar de mim e das minhas palavras, também o Filho do Homem se envergonhará dele, quando vier na glória de Seu Pai com os santos anjos" (Mc 8:38).

Tendo despertado o senso da infinita importância do grande dever da oração, uma crescente apreensão do perigo de viver sem ela, uma séria preocupação pela alma de todos essas pessoas sem consideração, um desejo sincero de contribuir, embora no menor grau, como um instrumento nas divinas mãos para despertar a mente dos homens para uma adequada preocupação em relação ao dever de orar são as causas que levaram o autor desta pequena obra a tentar algo fora do comum, a fim de despertar, se possível, um espírito de piedade na Terra. E que Ele, o único que pode corroborar o que é dito, abençoe o trabalho para o qual foi intencionado!

O escritor pressupõe que *Conselhos de cinco minutos* sobre um assunto tão importante não pode ser considerado tedioso por ninguém. Ele também pressupõe que a pessoa mais ocupada não se queixará muito da impertinência de uma interrupção tão breve. E, se ele fosse acrescentar algo mais a essas considerações, com a intenção de obter o auxílio de uma audiência favorável, diria, além disso, que ele deve pressupor que não haveria necessidade de qualquer outra razão mais forte para persuadir o leitor a considerá-los, visto que o objetivo em vista ao dar os conselhos aqui oferecidos não procede de quaisquer pontos de vista de interesse do escritor.

Meu irmão, considere bem esses argumentos antes de recusar os conselhos aqui oferecidos e não se desvie deles com indiferença meticulosa e desprezo. Lamentavelmente, se o mundo pudesse apenas ver a espessa película de preconceitos com a qual o olho do entendimento, em um estado natural, se obscurece, com que alegria eles aceitariam qualquer ajuda que pudesse colocá-los no caminho para sua remoção!

Os *quase* cristãos, como Agripa, que foram mencionados há pouco, e os parcialmente crentes, como Nicodemos, não precisam de nada mais do que a recordação frequente da duplicidade imperdoável de uma conduta instável e vacilante e da crescente condenação que deve finalmente vir no grande dia do julgamento. Leitor, você tem vergonha da oração? Vergonha do que é a característica constitutiva do homem e o privilégio mais nobre com o qual ele é suprido? Preveja, eu lhe suplico, essa hora em que a vergonha estará do lado oposto da situação. Quando não será a vergonha do homem, uma pobre criatura fugaz, como você mesmo, mas sim a vergonha do Deus ofendido, o Redentor ferido, e a presença de todo o mundo dos seres congregados, no tribunal de Cristo!

Mas, enquanto o autor desta pequena obra olha para Deus com humilde súplica, para que Sua graça possa abençoar essas considerações a ambos os tipos de *pessoas que não oram*, ele pode apenas implorar mais fervorosamente a bondade divina para que elas possam tocar *famílias que não oram*.

Essas sugestões são dadas para despertar pais e professores imprudentes, perversos e, em grande medida, negligentes. É para convencê-los de sua iniquidade e perigo, pois a prevalência de profanação e impiedade que abundam na vida desse dever necessário devem ser atribuídas à sua vergonhosa negligência. Ó, se todos estes considerassem devidamente a forma cruel com a qual estão agindo para com aqueles a quem estão ligados tão intimamente pelos laços da natureza e da afeição; que eles se preocupem em vê-los "trabalhando pela comida que perece" e não deem a menor atenção em apontar-lhes como adquirir aquela "que subiste para a vida eterna"(Jo 6:27).

Leitor, você é pai, mãe ou professor? Acorde para os deveres de tão digna representação! Considere as almas de sua casa como confiadas a você de alguma forma, e não faça com que "essas almas", por quem Cristo morreu, "pereçam" por causa de sua negligência. Como será agonizante o encontro entre pais tão cruéis e sem religião e seus filhos infelizes no último dia! Que terrível desgraça! Que dolorosas acusações os filhos lançarão contra eles! E com que amargura penetrante o som de seus choros entrará nos ouvidos deles! Que se observe o aumento desse mal entre essas ternas relações, em que o progenitor atende a todas as necessidades essenciais de interesse para seu filho, menos a única coisa necessária (Lc 10:42). Quanto mais solícito e previdente ele se mostrou, como pai e amigo, na preocupação com o bem deste mundo, mais amarga será a reflexão, por não ter considerado melhor os interesses importantes. Que a mente considere, se possível, os horrores com os quais o pai que não ora ouvirá a acusação de seu próprio filho ou filha, talvez em termos como estes: "Ah, pai cruel! Foi essa a aparente ternura com que você analisou minha felicidade no mundo além, cuidando de todas as diversões e prazeres para meu contentamento, enquanto me deixava *ignorante* daquilo em que a verdadeira felicidade está fundamentada, e pela falta da qual sou miserável para sempre?".

Leitor, você é pai ou mãe? Você se considera um pai ou mãe *afetuoso*? Ficaria descontente em ser acusado de desatenção ao bem-estar de seus filhos? Atente, então, ao que diz respeito ao bem-estar deles de fato, inclusive seu bem-estar eterno. Saiba que, desprovido disso, embora você trabalhe noite e dia para conforto terreno deles, e embora você deixe as mais ricas posses para seus filhos, e para os filhos de seus filhos, ainda assim você é infinitamente pior e mais tolo do que o insensato avestruz do deserto que "deixa os seus ovos na terra" (Jó 39:14) e não dá a menor atenção aos seus filhotes. Ó, que os olhos que leem isso, se estiverem em qualquer uma das situações concernentes ao chefe de uma família e estiver entre os personagens infelizes que negligenciam a devoção doméstica, seja despertado para o cumprimento instantâneo desse dever! E que o principal Executor e Ouvinte de todas as orações tenha o prazer de graciosamente derramar o Espírito de súplica do alto sobre ele!

Mas talvez você seja um daqueles que está tão atento a ponto de sentir anseio por sua própria salvação *pessoal*, e você mesmo está recorrendo aos meios da graça, mas não estabeleceu a religião em sua casa. Esse é um daqueles problemas inexplicáveis que desperta o assombro dos homens e anjos. Que contradição é a vida do homem a si mesmo! Ansioso para cumprir *um* dever, e negligente com todo o restante! Servindo a Deus em *segredo*, mas envergonhado em fazê-lo *publicamente!* Seria extremamente desnecessário oferecer qualquer argumento sobre essa questão. Um momento de reflexão é suficiente para convencer todos os homens desta vez, tanto da sua iniquidade como do seu perigo. Acorde, acorde, portanto, dessa ilusão e não deixe mais o medo do homem apanhá-lo em uma armadilha. Atente apenas à exposição incisiva de Deus pelo profeta, a qual é suficiente para afastar todos os medos menores: "quem, pois, és tu, para que temas o homem, que é mortal, ou o filho do homem, que não passa de erva? Quem és tu que te esqueces do Senhor, que te criou?" (Is 51:12,13). Que essa terrível consideração seja acompanhada da graça divina, a fim de produzir o propósito pretendido!

Temo que os cinco minutos que pedi estão quase, se não completamente, acabados, e, portanto, leitor, eu me retiro. Adeus! Não deixe que um *estranho*, e talvez desconhecido, sinta essa preocupação com sua salvação eterna e você permaneça desinteressado. Acrescente apenas a sua oração à dele, e Deus abençoará os meios para o fim pretendido. E seja qual for a postura do mundo contra esse importante dever (um mundo cujos costumes declaram inimizade a Deus), mesmo que os loucos zombem do pecado (Pv 14:9) e os escarnecedores desejem o escárnio (Pv 1:22), não deixe que nada o intimide de tomar a decisão de Josué e dizer: "Eu e a minha casa serviremos ao SENHOR" (Js 24:15).

Para auxiliar na execução desse propósito desejável, e para que ninguém queira uma forma específica de devoção, aqui estão adicionadas pequenas orações tanto para o culto matinal quanto noturno de uma família, e uma ajuda adicional para o "Dia do Senhor" (At 2:20). Elas não são dadas como modelos perfeitos, mas apenas como ajuda à devoção. Os princípios importantes pelos quais a religião cristã é peculiarmente distinguida estão cuidadosamente preservados nelas. E embora eles não sejam de forma alguma destinados a acorrentar o espírito de piedade àqueles que não precisam de nenhuma forma de oração, espera-se, no entanto, que elas respondam ao propósito para aqueles que precisam. De bom grado, o autor as colocaria de lado, caso esse bendito efeito fosse mais geralmente manifestado no mundo, que é prometido por Deus, quando o Espírito da graça será derramado (Zc 12:10) e quando o Espírito estiver abundantemente nos ajudando em nossas enfermidades, a ponto de nos ensinar em nossas horas de devoção o que falar, pois nem ao menos sabemos orar como deveríamos (Rm 8:26). Entretanto, somos advertidos a não desprezar o dia dos humildes começos.

Tal como são, as orações são humildemente oferecidas aos que possam necessitar de ajuda desta natureza. E o autor só pode orar fervorosamente a Deus para que uma bênção divina, como aquela que distinguiu a lã de Gideão pelo orvalho caindo sobre ela, enquanto toda a terra ao redor estava sem umidade (Jz 6:37), possa ser sensivelmente percebida por "todos os que em todo lugar invocam o nome de nosso Senhor Jesus Cristo" (1Co 1:2), distinguindo-os daquelas famílias que não oram e que vivem "sem Deus no mundo" (Ef 2:12) e que se deitam e se levantam como o rebanho do estábulo, nunca dizendo "Onde está Deus, que me fez...?" (Jó 35:10).

Seria, talvez, muito útil para infundir o espírito de piedade numa família (e especialmente entre os ramos mais jovens dela) se o cabeça dela *às vezes* fizesse uma breve admoestação, antes do início das orações. Deixamos como exemplo a seguinte:

"Vamos assumir a responsabilidade, nós que somos apenas pó e cinza pecaminosos, de falar ao Altíssimo e Santo, que habita na Eternidade, que habita na luz da qual nenhum homem pode se achegar e de cujo propiciatório não podemos nos aproximar, senão pelos méritos e intercessão de nosso sempre bendito Redentor, com a reverência e temor piedoso que devemos nos aproximar dele! Que nossa alma fique terrivelmente impactada com sentimentos de humildade e que imploremos a Deus que tal senso de Sua divina majestade possa permear todas as habilidades de nossa natureza, que nunca estejamos em perigo de honrá-lo com os lábios e com nosso coração longe dele (Is 29:13; Mt 15:8).

Com toda santa disposição de alma, e com uma fé viva na misericórdia de Deus, por meio de Cristo, caiamos agora ajoelhados e apresentemos as nossas súplicas no escabelo de Sua graça."

ORAÇÃO MATUTINA PARA FAMÍLIA

Ó, Senhor Deus, altíssimo, santíssimo e mui gracioso, o Criador, Redentor e Santificador de nossa natureza, o Rei Eterno, Imortal, Invisível, o único Deus sábio.

Nós nos aproximamos de ti através da intercessão e méritos expiatórios de Cristo. À medida que nos aproximamos de Tua maravilhosa presença, Senhor, aviva-nos pelo Teu Espírito Santo para invocarmos o Teu nome! Coloca palavras em nossa boca para que as palavras dos nossos lábios e o meditar de nosso coração sejam agradáveis em Tua presença!

Desejamos adorar Tua divina Majestade e adorar-te com humilde reverência! Tu és infinitamente sábio, poderoso e gracioso, muito acima de todos os nossos mais altos pensamentos, e acima de todos os nossos mais fervorosos louvores! Contudo imploramos benevolência para apresentar nosso sacrifício matinal de ação de graças, pois nos trouxeste à luz de outro dia e nos levantaste da cama em paz e segurança. Louvada seja a Tua bondade, ó Deus, por essas e todas as nossas outras imerecidas misericórdias! Que nossa alma louve ao Senhor e tudo o que há em nós bendiga o Teu santo nome!

Porém, que ao considerarmos a grandeza e bondade de Tua natureza, voltemo-nos à lembrança de nós mesmos, de quão totalmente indignos somos de adentrar em Tua santa presença! Tu estás no Céu e nós na Terra. Nosso ser é apenas de ontem, e nosso fundamento está no pó. Nascidos em pecado e vivendo em transgressão, como temos ofendido Tua majestade divina desde a nossa infância até agora, por pensamento, palavra e ação, provocando muito justamente a Tua ira e indignação contra nós!

Mas, Senhor, elimina a culpa de nossos pecados pelos méritos expiatórios do sangue de Cristo! Domina o poder de nossas iniquidades pelo Teu Espírito Santo. Piedade, ó Pai celestial, da cegueira de nossa natureza e da corrupção de nosso coração! Efetua em nós o arrependimento sincero; pois só tu podes nos dar essa dádiva ou renovar dentro de nós um espírito inabalável. Molda-nos à Tua própria imagem, perdida pelo pecado dos nossos primeiros pais, e preserva-nos de todos os perigos a que estamos expostos, entre os vários inimigos da nossa salvação!

Que Tuas providências sejam todas santificadas, sejam de aflição ou prosperidade, que Tuas misericórdias nos aproximem de ti, e que os Teus castigos tenham o efeito pretendido sobre o nosso coração, para nos livrar do pecado, para nos mortificar para o mundo e para nos manter em constante prontidão para nos afastarmos dele.

Se for a Tua bendita vontade, continua a nos abençoar com as misericórdias da saúde e prosperidade, e nos dá graça em meio a tudo para esperar e estarmos prontos para uma mudança. E, como em um dia ou uma hora, nossa prosperidade pode se transformar em adversidade, nossa saúde em enfermidade e nossa própria vida em morte, ó, misericordioso Senhor, firma-nos, pedimos-te, em Cristo Jesus. Sela-nos como Teu povo fiel. Dá-nos o penhor do Teu Espírito Santo e permite que a "santidade ao Senhor" esteja entalhada em tudo o que somos e em tudo o que fazemos ou dizemos. Senhor, fortalece-nos neste dia poderosamente pelo Teu Espírito no homem interior! Sejam quais forem as tentações que possamos encontrar no mundo, nos poderes das trevas ou em nós mesmos, capacita-nos a vencer e guarda-nos pela Tua graça, tanto exteriormente em nosso corpo quanto interiormente em nossa alma!

Como nos é exigido, gostaríamos de testificar um amor verdadeiro e cristão e caridade para todos os homens, lembrando deles em nossas orações. Ó, Todo-Poderoso Criador dos espíritos de toda a carne, olha para baixo e tem piedade do mundo perdido e miserável! Envia a luz do Teu evangelho para os cantos escuros da Terra, até que tragas todos ao conhecimento da verdade, e faças cada joelho se curvar ao nome de Jesus! Particularmente, abençoa a pregação dos justos nesta nação, a qual pertencemos! Que a pureza de nossa fé se manifeste pela compaixão em nossa vida! E que vivamos como os remidos do Senhor! E enquanto oramos pelo povo desta terra, desejamos ainda mais neste momento uma bênção sobre esta nossa casa e família! Que tu, que fazes os homens serem de uma só mente em uma casa, inspires todos os membros dela com um espírito de amor e concordância. E que esse benefício seja sempre produzido a partir de nossas orações, para que possamos nos levantar de nossos joelhos com tais refrigérios da graça, que podem se manifestar uns aos outros e ao mundo que um verdadeiro espírito de piedade vive em nossa alma, que, por esse espírito de amor e unidade, como irmãos, habitamos juntos e com ele!

Conforta e protege todos os nossos amigos e benfeitores ausentes! Santifica para eles sua condição, seja qual for. Visita e socorre os oprimidos. Tem piedade, Senhor e, em Teu próprio tempo, socorre os enfermos e santifica as aflições de seus corpos para o conforto eterno de suas almas. Instrui o ignorante, recupera o desobediente e aqueles que estão fora do caminho, e que os pecadores se convertam a ti. Abençoa nossos inimigos, faz o bem a quem nos odeia e traz para os laços da comunhão cristã todos que estão em desacordo, para que, pelo nosso amor uns pelos outros, reconheçam que somos Teus discípulos!

Por fim, Senhor, enquanto imploramos a continuidade das misericórdias, aceita tudo o que o nosso frio coração pode oferecer de gratidão pelas bênçãos já recebidas, por nossa criação, preservação e todas as bênçãos de nossa vida. Mas, acima de tudo, por Teu amor inestimável na redenção do mundo através de nosso Senhor Jesus Cristo!

Aceita todas as nossas petições por meio do nome reinante e poderosa intercessão de Jesus, a quem, junto a ti e ao Espírito Santo, desejamos tributar todos os louvores, glória e honra, agora e para sempre! Amém.

"Pai nosso que estás nos céus, santificado seja o teu nome; venha o teu reino; faça-se a tua vontade, assim na terra como no céu; o pão nosso de cada dia dá-nos hoje; e perdoa as nossas dívidas, assim como nós temos perdoado aos nossos devedores; e não nos deixes cair em tentação; mas livra-nos do mal [pois teu é o reino, o poder e a glória para sempre. Amém]" (Mt 6:9-13).

"A graça do Senhor Jesus Cristo, e o amor de Deus, e a comunhão do Espírito Santo sejam com todos vós" (2Co 13:13).

ORAÇÃO VESPERTINA

Grande e glorioso Senhor do Céu e da Terra, eis Tuas pobres criaturas de pó se aproximando de Tua presença divina, para apresentar nosso sacrifício noturno e ação de graças pelas misericórdias do dia passado e de toda nossa vida e implorar Tua proteção durante a noite! Humildemente desejamos invocar-te, Senhor Todo-poderoso, através dos méritos expiatórios e intercessão de Jesus Cristo! Adoramos Tua grande bondade, manifestada a nós, na qual ainda vivemos memoriais de Tua longanimidade e paciência, e somos autorizados a invocar o Teu santo nome! Muito justamente poderíamos ter sido cortados da terra dos viventes por nossas múltiplas transgressões, se os Teus caminhos fossem como os nossos, e os Teus pensamentos como os nossos. E há muito tempo desistimos do poder de oferecer quaisquer orações a Tua divina majestade, mas tu és o Deus de misericórdia, portanto Tua graça é contínua sobre nós. Ó, que agora possamos encontrar graça aos Teus olhos! Desejamos, com a mais humilde prostração da alma e do corpo, confessar nossas múltiplas ofensas diante de ti e bater em nosso peito, implorando-te humildemente que sejas misericordioso para conosco, miseráveis pecadores.

Se tivéssemos apenas os pecados e erros do dia passado pelos quais prestar conta, ainda assim o relato deste dia nos faria ser condenados diante de ti. Mas nossas transgressões têm se multiplicado desde a nossa infância até hoje. Pecamos contra o claro conhecimento da Tua vontade, frequentemente em meio às mais ternas expressões de Tua misericórdia. Contra todas as Tuas promessas atraentes, Tuas terríveis advertências e Tuas visitações paternais por conta das correções potentes de Teu Espírito Santo, e todas as misericórdias concedidas a nós pelo sangue de Cristo. Senhor, somos indignos de nos apresentarmos diante de ti, e se não fosse a percepção de nossos pecados vinda dos ensinos benditos do Teu Espírito Santo, não teríamos mais a confiança de orar a Deus.

Mas, quando olhamos para o alto pelo canal de graça e misericórdia aberto aos pecadores na expiação e justiça de Cristo, somos encorajados a nos aproximar e a suplicar isso diante de ti, como meio de aceitação. Ó, asperge nossas consciências com o sangue purificador que fala coisas melhores do que o sangue de Abel. Reveste nossa alma com o manto de justiça que só se encontra na obediência perfeita de Jesus Cristo nosso Senhor. E que toda a nossa esperança e dependência estejam nele, que por Deus se tornou para nós sabedoria, justiça, santificação e redenção!

Acompanha Tua misericórdia perdoadora com Tua graça purificadora. E assim como nosso Senhor Jesus Cristo morreu pelo pecado para condenar o pecado na carne, permite-nos morrer para o pecado e viver para a justiça. Ajuda-nos, ó Senhor, Deus de todo o poder e força, a nos despojar do velho homem, que está corrompido de acordo com as concupiscências enganosas, e a nos revestir do novo homem, que é criado em justiça e santidade.

Ó, conceda-nos um novo coração e renova um espírito reto em nós! Livra nossa alma de todos os esplendores e prazeres, de todas as vaidades e honras, e de todos os prazeres da carne e do apetite, neste estado transitório das coisas, e faze-nos ter fome e sede de justiça, até que acordemos para ficar totalmente satisfeitos com a Tua semelhança.

Faz-nos gravar continuamente a grande verdade que o ganhar o mundo todo seria uma recompensa miserável para a perda da alma. E, ó, que essa solene declaração que devemos todos, em breve, apresentar diante do tribunal de Cristo, influencie todos os nossos pensamentos, palavras e ações, para que, quando chegar o momento em que Cristo aparecer para ser glorificado em Seus santos e para ser admirado por todos os que creem, possamos clamar com santa exaltação: "Eis que este é o nosso Deus, em quem esperávamos, e Ele nos salvará; este é o Senhor, a quem aguardávamos; na Sua salvação exultaremos e nos alegraremos" (Is 25:9).

Humildemente, entregamos a nós mesmos, nossos amigos, nossos parentes, nossos vizinhos e todos os que invocam o nome do Senhor à Tua misericordiosa proteção esta noite! A escuridão não é escuridão contigo; a noite é tão clara quanto o dia. Imploramos-te, defende os nossos amados, nossa habitação e propriedades de todo perigo. Renova-nos com um sono tal, que os membros cansados do corpo possam ficar tão confortados e preparados para agir com o vigor da mente, que quando a manhã vier novamente sobre nós, junto com os olhos do corpo abertos para a luz de um novo dia, possamos abrir os olhos da alma para a luz renovada de Tua graça! Ou, se for Tua bendita vontade que nosso sono seja o sono da morte, que a nossa alma seja encontrada entre aqueles que dormem em Jesus. E que todas as Tuas providências sejam santificadas com a Tua bênção e graça, para que, se vivermos, possamos viver para o Senhor, e, se morrermos, possamos morrer para o Senhor, para que, vivendo ou morrendo, possamos ser do Senhor!

Depois das muitas súplicas que pretendíamos fazer pelas misericórdias que desejamos, que a percepção das muitas que desfrutamos nos torne sempre gratos pelas que já recebemos! Curvamo-nos com gratidão pelas misericórdias do bem-estar e da saúde, que te agradou conceder, pelos consolos do dia passado e pelas muitas providências que nos foram concedidas ao longo da vida. Mas, acima de tudo, essas misericórdias que, grandes e imerecidas como são, são apenas temporais. Desejamos ainda expressar o mais devoto agradecimento por aquelas que são eternas. Por todas as maravilhas da Tua graça, que tal redenção é concedida para o homem caído, na morte do Filho de Deus, e, ó, pela bondade abundante manifestada à nossa alma; enquanto tantos milhões nascem, vivem e morrem na ignorância dessa indescritível dádiva do Céu, revelaste-nos esse conhecimento na face de Jesus Cristo!

Aceita tudo o que as pobres criaturas pecaminosas do pó podem oferecer em reconhecimento, e que nossas orações, tanto de súplica quanto de ação de graças, cheguem até o trono de Tua graça pelos únicos méritos e intercessão de Jesus Cristo!

"Pai nosso, que estás nos céus, santificado seja o teu nome; venha o teu reino; faça-se a tua vontade, assim na terra como no céu; o pão nosso de cada dia dá-nos hoje; e perdoa-nos as nossas dívidas, assim como nós temos perdoado aos nossos devedores; e não nos deixes cair em tentação; mas livra-nos do mal [pois teu é o reino, o poder e a glória para sempre. Amém]! (Mt 6:9-13).

"O Senhor te abençoe e te guarde; o Senhor faça resplandecer o rosto sobre ti [...] e te dê a paz" (Nm 6:24-26), agora e para sempre! Amém.

FRAGMENTO

É bem possível que esta pequena obra caia nas mãos de um leitor *piedoso*, bem como nas de um *que não ora*. A fim de que sua leitura não seja totalmente inútil para alguém dessa característica também, o autor gostaria de pedir para acrescentar uma observação sobre o nobre assunto da oração, que ele é levado a acreditar que seja geralmente negligenciado e esquecido, mesmo por pessoas devotas no exercício desse dever importante. A circunstância a que ele alude é a negligência de unir *vigilância* com oração, ou, em outras palavras, *primeiramente* esperar o momento favorável em tempos de devoção para tornar nossos pedidos conhecidos a Deus, e então apresentar-se ao Senhor com humildade de coração e vigilância *após* a oração, para o cumprimento das graciosas promessas de Deus.

Certamente, não foi sem uma relação especial com essas questões que o grande Redentor ordenou tão fervorosamente aos Seus discípulos que *vigiassem e orassem*, e, embora, de fato, esse preceito tenha sido dado em uma ocasião particular, ainda que nosso bendito Senhor não a pretendesse em nenhum sentido restrito, é evidente a partir da conexão que o apóstolo Paulo faz de ambos obrigações ao ordenar aos colossenses que perseverassem "na oração, *vigiando* com ações de graças" (Cl 4:2). Isso revela de forma muito clara que a alma verdadeiramente piedosa deve vigiar *antes* da oração, para que seja "derramado um espírito da graça e de súplicas" (Zc 12:10), pois somente assim suas devoções podem ascender, pelo nome do Redentor, uma oferta de gratidão diante de Deus. E *depois* da oração, como o profeta, ele deve se posicionar "na torre de vigia" (Hc 2:1) para ver o que o Senhor dirá em resposta à sua petição, pois sem *uma*, o homem estará em perigo de orar sem o auxílio da graça e seguir na leviandade daqueles a quem Jesus reprovou: "Não sabeis o que pedis" (Mc 10:38), e sem a *outra*, é impossível saber se as misericórdias pedidas são concedidas ou não. Provavelmente foi pensando nisso que o profeta Isaías foi instruído a pregar esse preceito: "Calai-vos perante mim, ó ilhas, e os povos renovem as suas forças; cheguem-se e, *então*, falem" (Is 41:1).

Esse grande princípio de vigilância na devoção, que como dever tem a sanção de Cristo e de Seu apóstolo no compromisso com ele, e, no que diz respeito à utilidade e importância, carrega consigo sua própria recomendação, é o que o autor desta breve abordagem deseja inserir neste ponto de vista, pois pode envolver melhor a observância e induzir a prática de todos os leitores piedosos. E, sob ambas as considerações, é tão evidente e essencial para o próprio espírito de piedade, que é surpreendente como, algumas vezes, escapa à atenção ou não atrai a mais calorosa consideração de toda mente devota.

Oramos a Deus, seja por misericórdias gerais ou por bênçãos particulares e aquelas de que necessitamos. E a própria petição supõe que desejamos sinceramente (se consistente com a vontade divina) obter o que pedimos. Mas quão estranho é, então, que, assim que terminamos nossas orações e tornamos conhecidos nossos pedidos a Deus, levantamo-nos de nossos joelhos aparentemente tão indiferentes à situação e ao prazer divino no que diz respeito ao objetivo de nossos pedidos, como se não tivéssemos implorado e não estivéssemos interessados em obtê-los! Tal conduta corresponde à ideia de oração? É assim que pedimos uns para os outros nas circunstâncias da vida comum uma provisão para nossas várias necessidades? Olhem para o mendigo mais pobre que já assombrou o portão do homem rico suplicando por caridade! Suponham que, quando ele bate à porta, assim que ela lhe é aberta e ele torna seu pedido conhecido, ele se apresse sem esperar por uma resposta. O que devemos pensar do absurdo de tal conduta? E como devemos condenar a inconsistência de seu comportamento? O mendigo poderia, neste caso, ter expectativa, ou ele seria capaz de receber as esmolas que implorou? Entretanto, de fato, não são assim todos os homens: batendo na porta do Céu e implorando misericórdia no trono da graça, mas não esperando o momento de seu pedido? Certamente, todos nós somos pedintes nesse sentido diante de Deus, e somos infinitamente mais indesculpáveis do que aquele que pede esmolas aos seus semelhantes na Terra, se usarmos menos importunação em nossas petições, ou estivermos cansados de esperar em nossas orações, quando nos aproximamos do grande Pai das misericórdias. O Senhor está sempre mais disposto a nos ouvir e a conceder mais do que desejamos ou merecemos do que nós em orar.

Na verdade, como mais uma prova da importância desse grande dever da *vigilância*, e como um motivo adicional para o seu cumprimento, não se pode dizer que as bênçãos que pedimos a Deus, em certo sentido, estão pendentes de nossa expectativa e fé em recebê-las? Pois, quando o grande Redentor prometeu: "Pedi, e dar-se-vos-á; buscai e achareis; batei, e abrir-se-vos-á. Pois todo o que pede recebe; o que busca encontra; e, a quem bate, abrir-se-lhe-á" (Mt 7:7,8), Ele relaciona com isso a necessidade de dependermos de Deus para receber as bênçãos pelas quais imploramos. E acrescenta que todas as coisas que pedimos, *crendo*, receberemos. De modo que, a partir daí, somos ensinados que o recebimento das misericórdias por que imploramos não depende tanto da disposição divina para conceder como da disposição de nossa mente para receber. Como Cristo declara em outras passagens, "Tudo é possível ao que crê" (Mc 9:23). A orientação de Seu apóstolo João é para o mesmo propósito quando ele diz: "E esta é a confiança que temos para com Ele: que, se pedirmos alguma coisa segundo a Sua vontade, Ele nos ouve. E, se sabemos que Ele nos ouve quanto ao que lhe pedimos, estamos certos de que obtemos os pedidos que lhe temos feito" (1Jo 5:14,15). E se possível, o apóstolo Tiago é ainda mais objetivo. Ele está verdadeiramente falando de um dom de Deus em particular, mas que pode ser uma paridade de raciocínio e ser aplicada a todos. Ele diz: "Se, porém, algum de vós necessita de sabedoria, peça-a a Deus, que a todos dá liberalmente e nada lhes impropera; e ser-lhe-á concedida. Peça-a, porém, com fé, em nada duvidando; pois o que duvida é semelhante à onda do mar, impelida e agitada pelo vento. Não suponha esse homem que alcançará do Senhor alguma coisa" (Tg 1:5-8). De tudo isso nada pode ser mais claro e evidente do que o grande dever da *vigilância*, ou humilde espera no Senhor, que deveras faz parte considerável no cumprimento fiel da devoção. E se esperamos receber alguma coisa de Deus, as bênçãos e misericórdias que pedimos pela graça devem ser buscadas com vigilância.

Como um argumento conclusivo em favor do dever recomendado, não deve ser omitido também que é impossível louvar a Deus com o coração agradecido pelas inúmeras misericórdias que Ele está concedendo incessantemente à humanidade, ou bendizê-lo por Suas promessas quando cumpridas, a não ser através da prática da devoção. Pela virtude das promessas divinas, somos encorajados a fazer um pedido ao Céu com a confiança de sermos ouvidos, e como pelas promessas o Senhor graciosamente condescende em se tornar um devedor (se a expressão for justificável) às Suas criaturas, certamente é um ato de justiça, bem como um dever, *vigiar* e observar quando a qualquer momento essas promessas são cumpridas, para que o reconhecimento adequado possa ser feito em conformidade a isso.[38]

---

[38] Esta seleção é extraída de John Williams, *As Obras do Reverendo Robert Hawker, D.D. Vigário falecido de Charles, Plymouth. Com uma memória de sua vida e escritos, pelo Reverendo John Williams D.D. Em dez Volumes. Vol. IV.* (Londres: Impresso para Ebenezer Palmer, 1831, The Spurgeon Library, Midwestern Baptist Theological Seminary, Kansas City, Missouri), 439-464.

ÍNDICE DAS ESCRITURAS

GÊNESIS

1	149
18:11	100
21:7	100
25:1	100
25:21	139
32:25	117
32:26	119, 139

ÊXODO

4:31	72
5:22	72
5:23	72
14:30	101
28:29	66
32	84
32:10	119
34:6-9	98

LEVÍTICO

19:30	152
26:2	152

NÚMEROS

6:24-26	191
13:33	83
14:4	79

DEUTERONÔMIO

3:26	81
4:29	137
8:2	78
10:20	69
32:4	101

JUÍZES

6:37	179
7	76
10:10	71

1 SAMUEL

2:5	101
2:30	155
13:8	84
13:10	84

1 CRÔNICAS

16:40	150
16:41	150
23:30	150
28:9	140

2 CRÔNICAS

2:4	150
15:12	140
30:19	128

ESDRAS

3:3	150
7:10	128
8:22	140

NEEMIAS

10:33	146

JÓ

7:20	135
8:5	137
11:16	101
13:15	67
21:14	153
21:15	153
23:12	161
27:10	76
35:10	180
38:1	66
38:2	66
39:14	177

SALMOS

2:8	113
6:3	71, 89
9:10	140
9:18	100
10:4	137
10:17	102
14:2	137
16:11	159
18:1	131
18:2	131
18:3	133
18:6	134
18:7	82
22:1	68, 70
22:2	68, 70
24:6	137
25:3	139
25:4	132
25:5	132
27:11	132
27:13	74, 97
27:14	84
29:1	154
29:2	154
32:5	135

SALMOS

32:6	131	63:6	151
32:7	133	65:2	98
32:8	132	65:5	72
33:20	133	66:2	154
34:1	168	69:1-3	68
34:4	133	69:3	137
34:8	159	69:6	137
34:17	133	69:13	131
35:28	168	69:26	89
36:8	159	69:32	137
37:5	33	70:4	137
37:7	137	71:3	131
37:9	139	71:6	168
37:26	127	72:17-19	115
37:34	137	74:9	89
38:5	90	77:2	133
38:6	90	77:3	71
40:6	90	77:4	71
41:4	108	77:6	137
47:4	93	77:19	66, 91
50:15	93, 95	78:72	167
51:1,11	118	83:16	137
52:9	137	83:18	69
55:17	148, 150	84:2	159
56:3	133	84:9	133
59:9	137	84:10	159
61:4	168	86:11	132
63:1	137	88:17	73
63:5	151, 159	92:1	148

SALMOS

92:2	148
94:18	76
102:17	98
103:13	90
106:15	83
108:1	128
111:4	92
116:1	159
116:2	159
116:3	73
116:6	73
118:5	134
119:2	140
119:123	89
119:125	132
119:133	132
119:147	151
119:148	151
119:164	151
121:4	149
123:2	137
126:1	102
130:5	137
138:2	78
138:3	84, 99
139:12	119
142:2	134
143:7	70
143:10	132

SALMOS

145:2	168
145:15	137
145:18	133
145:19	133
147:3	133
147:11	82

PROVÉRBIOS

1:22	178
3:6	33
3:34	155
8:17	137
14:9	178
20:22	137
20:24	132
28:13	134

ECLESIASTES

3:14	101
5:2	108

CÂNTICO DOS CÂNTICOS

3:1,2	71
3:4	118
7:5	118

ISAÍAS

9:6	75
25:9	189

ISAÍAS

28:16	64, 74
30:1	133
30:18	139
40:6	90
40:31	140
41:1	194
45:19	70
49:8	131
49:14,15	92
49:23	139
50:2	135
51:12,13	178
53:1	74
55:8,9	91
62:7	138
65:12	135
65:24	70, 82
66:4	135

JEREMIAS

5:4	66
8:15	71, 72
8:20	89
10:23	93
20:9	92
35:15	135
52:31	84
52:32	84

LAMENTAÇÕES

3:22	92
3:23	92
3:25	139
3:33	92
3:49	79
3:50	79

DANIEL

6:10	168
8:11	146

OSEIAS

12:6	137

AMÓS

5:4	140

JONAS

2:4	77

MIQUEIAS

7:9	74

HABACUQUE

1:2	93
2:3	102

ZACARIAS		LUCAS	
12:10	110	11:5-9	110
14:9	110	11:8	80
		11:13	37
MATEUS		12:9	174
4:10	69	14:16	165
6:8	141	17:22	64
6:9-13	185	18:1	136
7:7,8	196	18:6-8	67
10:33	154	18:7	76, 97
11:8	80	18:8	85
11:12	119	18:13	108
14:30	108	21:36	129
15:23	70	22:41	58
15:24,26	71	24:20	91
15:28	68, 99	24:21,25	91
20:31	119	24:26,53	91
21:22	115		
22:2	165	**JOÃO**	
24:13	76, 84	1:18	69
24:42	129	4:14	98
25:13	129	5:5	139
26:41	58	5:22	69
		6:27	176
LUCAS		6:37	67
2:37	155	6:67,68	73, 79
5:16	53	7:6	67
6:12,13	57, 68	8:35	97
9:26	154	11:14	96
10:42	161	11:15	96

JOÃO

15:5	132
17:11,15	42
17:24	42

ATOS

3:1	151
7:56	42
7:59	69
9:6	108
10:2	155

ROMANOS

3:29	110
4:16	77
4:19,20	82
5:3-5	77
8:9,14	107
8:26	111
8:29	68, 94
10:11,12	110
11:36	94
12:12	136
15:4	78

2 CORÍNTIOS

1:3	133
1:8,9	75
3:5	132
4:17	101

2 CORÍNTIOS

5:7	91
6:2	131
11:28	168
12:7,8	134
12:9	75, 95
13:13	185

GÁLATAS

4:6	107
4:8	70
6:9	65, 84

EFÉSIOS

1:14	107
2:12	180
3:13	65
3:14-21	15
6:14	128
6:18	130
6:18,19	141

FILIPENSES

1:9-11	15
4:6	133

COLOSSENSES

1:9	136
1:9-14	15
3:16	141

COLOSSENSES

4:2	50
4:12	120

1 TESSALONICENSES

5:16	21
5:17	47, 92

2 TESSALONICENSES

3:8	168

2 TIMÓTEO

2:11	98
2:12	98
4:2	130

HEBREUS

4:1	74
5:7	110
5:16	135
7:25	41
9:6	152
10:35	83
10:38	102
11:27	50
12:1	147

TIAGO

1:4	84
1:5	30

TIAGO

1:5-8	197
1:12	76
1:17	56
5:13	28
5:16	98

1 PEDRO

1:6	76
1:7	76
1:13	82
4:7	129

1 JOÃO

1:9	134
2:14	109
4:16	92
5:14,15	196

APOCALIPSE

8:3	69
15:3	100
21:8	83

ÍNDICE DE NOMES E ASSUNTOS

Aba 107
Abraão 24
Adão 43
Agripa 174
Ana 155
Calebe 95
Cativeiro Babilônico 102
Consciência de Culpa 43
Consolador 42
Constantino 168
Crença 16
Crisóstomo, João 139
Culpa 90
    Consciência pecaminosa . 134
Daniel 168
Davi 33
Deus 33
    Exaltado e Santo 42
    Executor e Ouvinte 177

Glória de Deus 56
Jeová 24
Pai 35
Senhor do Céu e da Terra 187
Espírito de Súplica 177
Espírito Santo 181
Estêvão 69
Evangelho 183
Expiação 28
Ezequias 35
Faraó 72
Fraqueza Natural 90
Gabriel 24
Gideão 76
Intercessor 94
Isaías 194
Isaque 84
Israelitas 79
Jacó 117

Jardim do Getsêmani....... 58
Jeremias.................. 91
Jerusalém................. 35
Jesus Cristo 65
   Espírito de Cristo....... 107
   Salvador 113
Jó 66
João...................... 196
José 42
Josué..................... 119
Judeus.................... 145
Ló 42
Lucas..................... 57
Mediador................. 111
Misericórdia.............. 134
Moisés 72
Monte Sião 71
Mulher Cananeia 71
Nicodemos................ 175
Onipotência............... 139
Oração.................... 141
   Orando Incessantemente 141
Paciência 77
Pai 79

Palavra de Deus 44
   Bíblia 78
   Escritura 110
Paulo..................... 123
Pecado 182
Pedro..................... 129
Redentor.................. 115
Sabedoria................. 133
Salmista 150
Salomão................... 33
Salvação................... 68
Samuel 24
Sara 82
Satanás.................... 92
Spurgeon, Charles 14
   Apologeta............... 12
   Escritor 11
   Evangelista.............. 13
   Humanitário............. 11
   Mística................. 13
   Pregador 10
Tiago 196
Vontade de Deus 48